Tobias Dahm

Traumatische Ereignisse im Beruf

Eine neue Herausforderung für die soziale Arbeit

Im Fokus: Feuerwehr und Rettungsdienst

Tobias Dahm

TRAUMATISCHE EREIGNISSE IM BERUF

Eine neue Herausforderung für die soziale Arbeit

Im Fokus: Feuerwehr und Rettungsdienst

ibidem-Verlag
Stuttgart

Bibliografische Information der Deutschen Nationalbibliothek
Die Deutsche Nationalbibliothek verzeichnet diese Publikation in der Deutschen Nationalbibliografie; detaillierte bibliografische Daten sind im Internet über http://dnb.d-nb.de abrufbar.

Bibliographic information published by the Deutsche Nationalbibliothek
Die Deutsche Nationalbibliothek lists this publication in the Deutsche Nationalbibliografie; detailed bibliographic data are available in the Internet at http://dnb.d-nb.de.

Covergestaltung: Kristina Reiss, www.reissdesign.de

∞

Gedruckt auf alterungsbeständigem, säurefreien Papier
Printed on acid-free paper

ISBN-10: 3-89821-980-1

ISBN-13: 978-3-89821-980-8

Printed in Germany

Inhaltsverzeichnis

1. Einleitung

„Es gibt kaum ein anderes Berufsfeld, in dem die wiederholte Konfrontation mit traumatischen Situationen so wahrscheinlich ist wie im Rettungsdienst“[1]

In meiner Ausbildung und über 16 Jahre langen Berufstätigkeit als Rettungsassistent habe ich mich oft gefragt, warum so sorglos, wenn nicht gar fahrlässig, mit dem Thema der eigenen Psychohygiene im Rettungsdienst umgegangen wird. Dem Umgang mit traumatischen Ereignissen wurde weder in der Ausbildung zum Rettungsassistenten noch in den jährlich vorgeschriebenen Fortbildungen angemessene Bedeutung geschenkt. Begriffe wie „Psychotrauma“ oder „Posttraumatische Belastungsstörung“ blieben nahezu unerwähnt. Auch in der praktischen Arbeit kamen im Kollegenkreis vergleichbare Fragestellungen kaum vor. Es stand der Patient bzw. der Notfall an sich im Vordergrund; das eigene Erleben blieb dagegen in der Regel unreflektiert.

Es liegt gewiss nahe, dass sich die Aufmerksamkeit nach Kriegs-, Unfall- oder Missbrauchserfahrungen sowohl in Fachkreisen als auch in der Öffentlichkeit in der Regel auf die Schicksale der traumatisierten Opfer richtete. Professionelle Helfer wurden als „Ausführende“ gesehen, nicht aber als Menschen mit zum Teil extremen berufsbedingten seelischen Belastungen. Vermutlich spielt hierbei auch die Meinung der Öffentlichkeit eine Rolle, die davon ausgeht, dass Menschen bei der Wahl dieser Berufe ja bewusst und freiwillig ein erhöhtes Traumarisiko in Kauf nehmen. Durch Katastrophen wie z.B. dem ICE-Unglück von

[1] Vgl. Bengel, J. (2004) „Psychologie in Notfallmedizin und Rettungsdienst“ S. 27

Eschede (1998), dem Unfall des Metrorapid im Emsland (2006) oder jüngst dem Amoklauf in Winnenden (2009) rückt auch die Situation der Notfallhelfer immer wieder in den öffentlichen Focus und gewinnt somit zunehmend an Relevanz. Endlich spüren nicht nur die Helfer selber, dass sie zuweilen Hilfe und Vorbereitung auf traumatische Ereignisse brauchen. Auch die Wissenschaft beginnt sich in Studien und Forschung mit der Thematik auseinander zu setzen, und Notfallseelsorger kümmerten sich nun vermehrt auch um Einsatzkräfte.

Die Helfer der ersten Minuten und Stunden werden bei einem Notfall mit einschneidenden Ereignissen wie Verkehrsunfällen, Verbrennungen oder auch alltäglichen Tragödien konfrontiert. Ihre zum Teil traumatischen Erfahrungen sind die Fundamente, auf die ich meiner Studie aufbaue. „Die Arbeit ist gekennzeichnet durch Zeit- bzw. Leistungsdruck am Einsatzort, häufiges Erleben von schwerwiegenden oder tödlichen Verletzungen und Erkrankungen, Warten auf den nächsten Einsatz, Nachtschichten, Erfahrung von Misserfolg und häufig fehlendes Feedback über den weiteren Verlauf beim Patienten."[2]

Aufgabe dieser Studie ist es zu untersuchen, ob ein Diplom-Sozialarbeiter sein im Studium erlangtes Wissen in der Krisenintervention und Bekämpfung von traumatischen Störungen gezielt einbringen und unterstützend wirken kann. Darüber hinaus gilt es zu prüfen, wo die Grenzen seiner Handlungskompetenz liegen und ob er seine Fachkenntnisse durch entsprechende Zusatzqualifikationen erweitern sollte.

---

[2] Vgl. Bengel, J. (2004) „Psychologie in Notfallmedizin und Rettungsdienst" S. 25

Um den theoretischen Rahmen zu skizzieren, werde ich zunächst das Psychotraumata definieren, sowie den Verlauf und die Folgen erörtern. Im Anschluss daran stelle ich dar, wo und wie das Psychotrauma im Beruf auftreten kann. Aus Gründen persönlicher Motive und weil hier vor allem ein mögliches neues Arbeitsfeld für die soziale Arbeit zu erwarten ist, werde ich die Belastungen im Rettungsdienst besonders veranschaulichen und darüber hinaus Risiko- und Schutzfaktoren herausstellen. Um mögliche sozialarbeiterische Interventionsmöglichkeiten abzuleiten, zeige ich im Anschluss daran die verschiedenen existierenden Therapie- und Interventionsansätze auf. In Abschnitt 5 stelle ich, um Defizite und Möglichkeiten für die soziale Arbeit aufzudecken, die aktuell existierenden Systeme der Hilfe in Deutschland vor. Der Schluss beantwortet die Frage, ob ein ausgebildeter Sozialarbeiter professionell zur Prävention und / oder zum Behandlungserfolg bei traumatisierten Betroffenen beitragen kann, und ob er dafür eventuell Zusatzqualifikationen benötigt.

Aus Gründen der leichteren Lesbarkeit des Textes verwende ich die männliche bzw. geschlechtsneutrale Form.

2. Diagnose beim Psychotrauma

„Das Trauma ist die Verletzung und nachhaltige Schädigung einer bestehenden Struktur."[3] Das kann zunächst einmal sowohl den physischen Bereich (z.B. Polytrauma oder Schädel-Hirn-Trauma) als auch die Psyche eines Menschen betreffen. Als Psychotrauma bezeichnet man in der klinischen Psychologie eine von außen einwirkende Läsion[4] der seelisch-psychischen Integrität. Der Begriff bezeichnet also nicht, wie häufig unterstellt, das gefährliche, bedrohliche Ereignis an sich, sondern er beschreibt die von solchen Ereignissen schwer verletzte Psyche. Das Trauma greift also indirekt die Psyche an, verletzt sie und bedroht ihre Integrität. Es kann so nachhaltig wirken, dass es die Handlungskompetenz, die Persönlichkeit und somit die gesamte Biographie eines betroffenen Menschen massiv beeinflusst. Wenn nicht schnell und effektiv eingegriffen wird, kann eine Persönlichkeitsveränderung oder eine somatische Krankheit die Folge sein. Ereignisse sind aber nicht von sich aus traumatisch, sondern haben ein individuelles traumatisierendes Potential. Die Folgen für den Menschen sind recht unterschiedlich. *"Menschen, die als Opfer von schlimmen Unfällen, Gewalttaten oder Drohungen schwere Schrecken erlitten, die um ihr Leben, das Leben von Mitmenschen oder ihre seelische oder körperliche Unversehrtheit große Angst hatten, erlebten eine folgenreiche Grenzüberschreitung ihrer Unversehrtheit, die sich in die bewusste und unbewusste Erinnerung dieser Menschen eingravieren kann: Die so genannte seelische Trauma-*

---

[3] Vgl. Hausmann, C. (2003) „Handbuch Notfallpsychologie und Traumabewältigung" S. 59

[4] Def. Schädigung, Verletzung oder Störung einer anatomischen Struktur oder Funktion.

tisierung.“[5] Dieser seelische Schmerz kann von manchen Menschen nicht mehr mit eigenen Mitteln bewältigt werden.

2.1 Psychotrauma – Definition und Klassifizierung

Seidler hält den Traumabegriff, entsprechend den Ergebnissen der Traumaforschung und der Definition im ICD-10 (World Health Organization, 1992) und DSM-IV (American Psychiatric Association, 1994), bewusst eng. *„Unter (Psycho-)Trauma wird eine psychosomatische Verwundung verstanden, die auf ein Ereignis (oder auf deren mehrere) zurückgeht, bei dem im Zustand von extremer Angst (Todesangst) und Hilflosigkeit die Verarbeitungsmöglichkeiten des betroffenen Individuums überfordert waren“.*[6] Seit einigen Jahren wird auch zwischen Traumata unterschieden, die direkt als Opfer erlebt wurden, und solchen, die beobachtet wurden oder von denen Personen, z.B. Angehörige, gehört haben. Die bisher nahezu ignorierten Belastungen der Notfalleinsatzkräfte finden damit nun Beachtung in Fachkreisen, wenn es um die Berücksichtigung traumagefährdeter Menschen geht. *„Situationen sind nicht nur dann potenziell traumatisierend, wenn eine Person selbst in Lebens- oder Verletzungsgefahr gerät; auch der Anblick anderer Menschen, die ernsthaft verletzt oder getötet werden (...) kann diese Wirkung haben“*[7]

Bei der Betrachtung der diversen wissenschaftlichen Definitionen des Psychotraumas fällt auf, dass das Gefühl der direkten Bedrohung des

---

[5] Vgl. Rupp, M. (1996) „Notfall Seele“ S. 151
[6] Vgl. Seidler, G. H. (2002) „Aktuelle Therapieansätze in der Psychotraumatologie“ S. 7
[7] Vgl. Teegen, F. (2003) „Posttraumatische Belastungsstörung bei gefährdeten Berufsgruppen...“ S. 17

Lebens und der körperlichen Integrität zwar im Mittelpunkt steht, jedoch nicht die einzige Dimension einer Gefährdung ist. *"Das amerikanische Klassifizierungssystem DSM-IV beschreibt Traumen als potenzielle oder reale Todesbedrohungen, ernsthafte Verletzung oder eine Bedrohung der körperlichen Versehrtheit bei sich oder anderen, auf die mit intensiver Furcht, Schrecken oder Hilflosigkeit reagiert wird."*[8] Der Psychotraumatologe Gottfried Fischer definiert ein psychisches Trauma als ein *"vitales Diskrepanzerlebnis zwischen bedrohlichen Situationsfaktoren und den individuellen Bewältigungsmöglichkeiten, das mit Gefühlen von Hilflosigkeit und schutzloser Preisgabe einhergeht und so eine dauerhafte Erschütterung von Selbst- und Weltverständnis bewirkt."*[9] Er hebt die Bedeutung eines zentralen traumatischen Situationsschemas hervor, das sich aus der Verzahnung von objektiven Gegebenheiten und subjektiver Bedeutungszuschreibung auf dem Hintergrund der persönlichen Lebensgeschichte herausbildet. Als entscheidend gilt dabei die Relation von Ereignis und erlebendem Subjekt, sowie dessen Beziehung zur Umwelt.

Eine weitere Orientierung zur Definition bieten die entsprechenden Passagen der beiden Klassifizierungssysteme ICD-10 (Anwendung im europäischen Gesundheitswesen) und DSM-IV (Verwendung als Diagnosemanual). So werden die zeitlich unmittelbaren psychischen Folgen nach einem traumatischen Ereignis entgegen einer weitläufigen Meinung nicht als posttraumatische Belastungsstörung, sondern zunächst als akute Belastungsreaktion (ICD-10: F 43.0) oder akute

[8] Vgl. Maercker, A. (2003) „Therapie der Posttraumatischen Belastungsstörung“ S. 5
[9] Vgl. Fischer, G., Riedesser, P. (2003) „Lehrbuch der Psychotraumatologie“ S. 82

Belastungsstörung (DSM-IV: 308.3) diagnostiziert (s. auch Kapitel 2.3). Der ICD-10 Schlüssel legt dabei trotz einer prinzipiellen Übereinstimmung mit dem DSM-IV Manual eine stärkere Betonung auf die unmittelbare Reaktion einer traumatisierten Person. Die akute Belastungsreaktion wird hier Beschrieben als *„Eine vorübergehende Störung von beträchtlichem Schweregrad, die sich bei einem psychisch nicht manifest gestörten Menschen als Reaktion auf eine außergewöhnliche körperliche oder seelische Belastung entwickelt, und die im allgemeinen innerhalb von Stunden oder Tagen abklingt."*[10]

Mit einer traumatischen Erfahrung geht stets ein Erleben von Ohnmacht und Hilflosigkeit einher. Das Gefühl eines absoluten Kontrollverlustes entsteht, wenn eine Situation gleichzeitig durch folgende Faktoren gekennzeichnet ist: Informationsüberflutung mit aversiven Reizen, keine Möglichkeit der Gegenwehr und keine Fluchtmöglichkeit. Das traumatische Ereignis ist zum einen gekennzeichnet durch seine Intensität, durch spezifische Traumafaktoren (z.B. Häufigkeit, Umstände, Verhältnis der Beteiligten zueinander), durch die Konstellation der Faktoren sowie dem traumatischen Inhalt bzw. dem „Thema" der traumatischen Situation (z.B. sexuelle Integrität, Lebensgefahr).

2.2 Verlauf der Traumatisierung

Im Verlauf der Störung spielen neben dem traumatischen Ereignis an sich psychologische, biologische und soziale Faktoren im Umfeld des Betroffenen eine wichtige Rolle. Aufgrund dieser Zusammenhänge

---

[10] Vgl. Dilling, H., Mombour, W., Schmidt, M. (2005) "Internationale Klassifizierung psychischer Störungen" S. 168

sehe ich hier eine Möglichkeit der sozialarbeiterischen Intervention, auf die ich in Kapitel 6 näher eingehe. Die Faktoren könne sowohl protektive als auch pathogene Wirkung auf den Betroffenen habe und dienen als Mediatoren. Es reagiert nicht jeder Mensch gleich auf ein bestimmtes traumatisches Ereignis. So kann z.B. ein gefestigtes soziales Umfeld die Folgen und / oder den Verlauf eines traumatischen Ereignisses abmildern, begünstigen und dem Betroffenen ggf. Schutz bieten. Der konkrete Verlauf der psychischen Traumatisierung kann als dynamischer Prozess in drei Phasen eingeteilt werden:

1.) Schockphase: Die prinzipielle Unmöglichkeit, eine traumatische Situation im Moment des Geschehens adäquat zu verarbeiten, bedingt die Notwendigkeit einer nachfolgenden Verarbeitung. Die Symptomatik zeigt zunächst typischerweise ein gemischtes oder auch wechselndes Bild, beginnend mit einer Art "Betäubung", Desorientiertheit und der Unfähigkeit Reize zu verarbeiten. In den meisten Fällen folgen dann ein Unruhezustand, einhergehend mit vegetativen Zeichen wie z.B. Tachykardie, Schwitzen, Erröten und Übelkeit. *„Die Symptome erscheinen im allgemeinen innerhalb von Minuten nach dem belastenden Ereignis und gehen innerhalb von 2 oder 3 Tagen, oft innerhalb von Stunden zurück.“*[11] Die akute Belastungsreaktion und die posttraumatische Belastungsstörung (s. Abschnitt 2.3) weisen dieselben Symptome auf, wobei der große Unterschied in der Dauer der Beschwerden liegt. In dieser Phase sind psychologische „erste Hilfe“ Maßnahmen wie z.B. Beruhigung oder Vermittlung von Sicherheit

[11] Vgl. Dilling, H., Mombour, W., Schmidt, M. (2005) „Internationale Klassifizierung psychischer Störungen“ S. 168

förderlich sowie ggf. die umgehende räumliche Trennung des Individuums vom Ort des Geschehens notwendig.

2.) Einwirkungsphase: In der Phase versucht das Individuum, sich nach dem Abklingen des Schocks der traumatischen Erfahrung zu stellen und beginnt, sie zu verarbeiten. *"Sie beginnt einige Zeit nach dem Ereignis und kann bis zu zwei Wochen dauern."*[12] Obwohl die stärkste Erregung bereits abgeklungen ist, wird jetzt der betroffene Mensch von dem traumatischen Ereignis innerlich sehr stark in Anspruch genommen. In dieser Phase kommt es zur Herausbildung der für ein Psychotrauma so charakteristischen Hauptsymptome wie den Schlafstörungen, einer Übererregbarkeit, Überwachheit, den Alpträumen und so genannten „Flash-backs". Neben Reaktionen wie Selbstzweifel, Ohnmachtsgefühlen oder gar Selbstanklagen wie der Überlebensschuld (also das Überleben nicht verdient zu haben) können im Wechsel damit auch aggressive, wütende Attacken und heftige Vorwürfe wie Beleidigungen oder Beschimpfungen gegenüber Dritten auftreten.

Bereits zu diesem Zeitpunkt deutet ein im verstärkten Maße auftretendes dissoziatives Erleben auf eine erschwerte Anpassung hin. Mittels der Dissoziation als Bewältigungsmechanismus versucht der traumatisierte Mensch durch bestimmte Gedanken und Einstellungen die furchtbare Erinnerung abzuspalten, um die normale Relation zur übrigen Persönlichkeit zu verlieren. Dies kann bis hin zu einer dissoziativen Amnesie führen. Hier steht dann die Erinnerung an das Erlebte dem Betroffenen nicht mehr zur Verfügung. Oft dauert es einige Zeit bis Er-

[12] Vgl. Fischer, G., Riedesser, P. (2003) „Lehrbuch der Psychotraumatologie" S. 156

lebtes wieder erinnerungsfähig wird, manches bleibt auch nicht erinnerbar. Dieses Symptom fungiert als unbewusster Schutz, da es seine derzeit zur Verfügung stehenden Verarbeitungs- und Bewältigungsmechanismen überfordern würde. Die Fähigkeit zur so genannten Depersonalisierung durch eine (induzierte) Dissoziation ermöglichte z.B. den KZ-Opfern im 3. Reich durch eine Flucht in die Phantasie die unerträgliche Realität zu verlassen und so einen Weg zu finden, um sich selbst zu schützen.[13] *"Im besten Fall entsteht ein emotionsloses, dissoziertes Funktionieren (monitoring), bei dem alles, was sich im Körper an Empfindungen abspielt, nur am Rande wahrgenommen wird."*[14]

Die anhaltende Vermeidung von Gedanken, Reizen und Aktionen, die auch nur entfernt an das Traumaereignis erinnern, stellen letztlich auch den Versuch dar, sich den beiden anderen Hauptsymptomen, der erhöhten Erregung (Hyperarousal) und den Wiedererlebensreaktionen (Intrusionen) zu entziehen. Bei den meisten traumatisierten Menschen manifestiert sich eine Mischung mehrerer Symptome.

Gerade die scheinbar im Widerspruch stehenden starken Symptome, die überwältigenden Intrusionen und ausbleibenden Emotionen (Dissoziation, Vermeidung), erfahren die Betroffenen nicht etwa gleichzeitig, sondern abwechselnd. Sie bilden den Kern des Psychotraumas. *"Die traumatisierte Person wird fortwährend zwischen dem einen Extrem totalen Wiedererlebens und dem anderen Extrem völliger Verleugnung hin- und hergerissen."*[15]

---

[13] Vgl. Becker, J. (1969) „Jakob der Lügner"
[14] Vgl. Perren-Klinger, G. (1995) „Trauma. Vom Schrecken des Einzelnen zu den Ressourcen der Gruppe" S. 20
[15] Vgl. Buijssen, H. (1997) „Wenn der Beruf zum Alptraum wird" S. 88

Intrusives Wiedererleben kann durch vielfältige Reize und Situationen ausgelöst, „getriggert“ werden. So ist es möglich, durch sensorische Reize, die mit dem Ereignis in Verbindung gebracht werden, z.B. olfaktorisch (Grillgeruch in der Nachbarschaft) oder optisch (Scheinwerfer eines heranrasenden Zuges) die Erinnerung an das Geschehen plötzlich auszulösen. Die meisten Traumatisierten erleben die schrecklichen Szenen des traumatischen Vorfalls als rekurrente, unkontrollierbare Überflutung. Sie wachen nachts wie in Schweiß gebadet auf und empfinden die Bilder als Wiederholung ihrer gemachten, realen Erfahrung. *„Da die Assoziationen sehr stark sind, werden sie auch durch wiederholten „Fehlalarm“ nicht gelöscht. Die schlechte Reizdiskrimination[16] führt dazu, dass auch jene Reize, die nur eine vage Ähnlichkeit mit den ursprünglichen Hinweisreizen haben, ein Wiedererleben auslösen können.“*[17]

Die Reaktionen auf die traumatische Erfahrung lassen sich insgesamt in folgende Symptomgruppen unterscheiden:

- Emotional (z.B. Depressionen, Angst, Wut, Schuldgefühle)
- Kognitiv (z.B. Selbstzweifel, Teilnahmslosigkeit, Hadern mit religiösen Anschauungen)
- Auswirkungen auf der Verhaltensebene (z.B. durch Intoleranz, Substanzmissbrauch)
- Somatisch (z.B. Schock, Herzrasen, Schlaf und Essstörungen)

---

[16] Def. Die Grenze des Vergleichbaren mit dem konditionierten Reiz.
[17] Vgl. Hausmann, C. (2003) „Handbuch Notfallpsychologie und Traumabewältigung“ S. 86

Am Ende der Phase der traumatischen Reaktion steht entweder die gelingende Verarbeitung mit Übergang in die Erholungsphase oder die misslingende Verarbeitung mit Übergang in einen chronifizierten traumatischen Prozess.

3.) Erholungsphase: Im Idealfall beginnt die Erholung des traumatisierten Menschen ca. vier Wochen nach dem Ereignis. "Kommen weitere erschreckende Nachrichten oder belastende Lebensumstände hinzu, so verzögert sich die Erholungsphase und kann sogar gänzlich ausbleiben."[18] Diese Phase sollte mit Ruhe, Entspannung und vor allem mit einem Fernbleiben der traumatisierenden Umgebung begangen werden, um die erneute Konfrontation mit dem auslösenden Faktor zu vermeiden. Alkohol und Drogen stellen hier eine besondere Gefahr dar und sollten vermieden werden. „Hier liegt eine kritische Weichenstellung, die oftmals darüber entscheidet, ob sich ein langfristiges Belastungssyndrom und begleitende Störungen ausbilden"[19] Bei einem Fortbestehen der Symptome über die Erholungsphase hinaus, ist es indiziert weitere fachliche Unterstützung hinzuzuziehen. In der Erholungsphase sollte es dem Traumatisierten nach und nach gelingen, die gemachte traumatische Erfahrung zu bewältigen, zu akzeptieren und zu integrieren. Eine Chronifizierung liegt dann vor, wenn es nach einer angemessenen Verarbeitungszeit nicht gelungen ist, die gemachten Erfahrungen und das Ereignis zu bewältigen und in den eigenen Erfahrungskontext zu integrieren. Chronifizierungen können zu einem Vollbild eines chronischen psychotraumatischen Belastungssyndroms oder zu einer psychotraumatischen Belastungsstörung (PTBS) führen (s. Abschnitt 2.3). Der in

[18] Vgl. Fischer, G. (2000) „Neue Wege aus dem Trauma" S. 28
[19] Vgl. Fischer, G., Riedesser, P. (2003) „Lehrbuch der Psychotraumatologie" S. 156

Abbildung 1 dargestellte Prozess stellt den ungünstigsten Verlauf dar und veranschaulicht den Zusammenhang. Die Ziffern beziehen sich auf die jeweilige Angabe im ICD-10. Nicht alle der angeführten Symptome treten zwangsläufig auf. Die Diagnosen stehen für sich und werden nicht im Zusammenhang mit dem traumatischen Prozess gesehen. Die Terminologie markiert den zeitlichen Verlauf und deutet den Sinnzusammenhang der Symptomatik an.

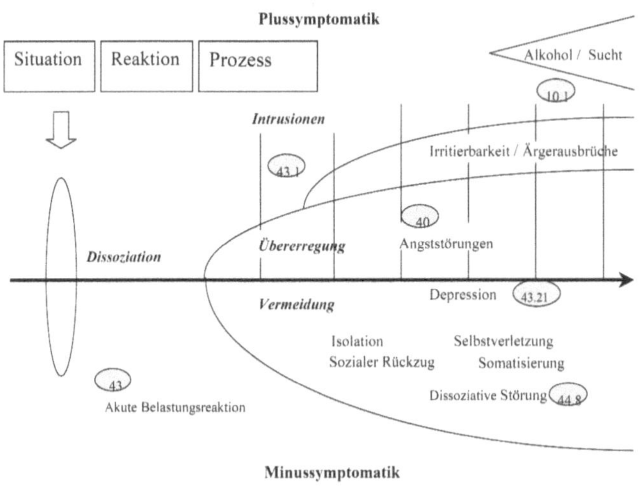

Abbildung 1: Die Chronifizierung der Traumatisierung nach G. Fischer

"Die Zeit heilt alle Wunden" – dieser Satz gilt nicht für chronisch traumatisierte Menschen, die entweder therapeutische Hilfe und Unterstützung nicht wahrnahmen oder bei denen eine Intervention keinen Erfolg hatte. Diese Menschen leben so, als würde die Zeit still stehen und das Psychotrauma ewig andauern. Die traumatische Situation und ihre Folgen schneiden dramatisch in ihr Leben ein, belasten

stark und bilden einen Wendepunkt in der Biographie. Betroffene unterscheiden oft in "vor dem Ereignis" und "nach dem Ereignis". Der Verlust der Kontrolle über das eigene Leben, der eigenen Lebensgestaltung wird als Schicksalsschlag erlebt. Das Selbstverständnis des Menschen und sein Weltverständnis werden nachhaltig erschüttert – alles ist anders als vorher. Die Betroffenen sieht sich selbst als verletzt, zukünftig weiter verletzbar und wertlos sowie die Welt als feindlich, unverständlich und unkontrollierbar. Für die meisten Betroffenen stellt ein Psychotrauma die erste Konfrontation mit einer veränderten Wahrnehmungsweise in ihrem Leben dar. *"Sie fürchten, nicht ganz normal zu sein und scheuen sich, mit anderen, auch vertrauten Personen über ihre Erfahrung zu sprechen, aus Angst, diese könnten sie für verrückt erklären."*[20] Ein „Nicht-Erinnern“ oder Verdrängen kann jedoch dazu führen, wichtige Gedanken zurückzuhalten und sich nur noch oberflächlich bzw. banalen Gedanken hinzugeben. Dies führt ggf. zu Persönlichkeits-veränderungen, die im Umfeld des Betroffenen für Unverständnis führen können und ihn somit eventuell noch mehr isolieren.
Jedes Traumaopfer entwickelt unmittelbar nach dem Ereignis posttraumatische Belastungsreaktionen mit spezifischen Symptomen, aber nicht jedes Traumaopfer entwickelt zwangsläufig posttraumatische Langzeitfolgen wie eine PTBS.

2.3 Folgen der Traumatisierung – die posttraumatische Belastungsstörung

Als direkte Folge der Traumatisierung möchte ich, aufgrund der hohen Relevanz für die hier zu entwickelnde Fragestellung, die posttraumati-

[20] Vgl. Fischer, G (2000) „Neue Wege nach dem Trauma“ S. 19

sche Belastungsstörung (Abk.: PTBS; engl.: Posttraumatic Stress Disorder, Abk.: PTSD) herausstellen. Die PTBS und die akute Belastungsreaktion werden im DSM-IV den Angststörungen zugerechnet, in der ICD-10 bilden die PTBS und die Akute Belastungsreaktion zusammen mit der Anpassungsstörung eine eigene Störungsgruppe. Eine weitere Diagnose nach Traumatisierung, die der andauernden Persönlichkeitsveränderung nach Extrembelastung (APE), sieht nur die ICD-10 vor. Diese wird der Gruppe der Persönlichkeits- und Verhaltensstörungen zugeordnet. Die Kriterien der PTBS nach ICD-10 werden in der Literatur oftmals kritisiert. Eine Orientierung an den im Vergleich eindeutiger operationalisierten Kriterien nach DSM-IV wird empfohlen.

Die PTBS fasst unterschiedliche psychische und psychosomatische Symptome zusammen, die als Langzeitfolgen eines Traumas auftreten können, welches fehlerhaft oder unzureichend verarbeitet wurde. Laut ICD-10 entsteht die PTBS als eine verzögerte oder protrahierte[21] Reaktion auf ein belastendes Ereignis oder eine Situation außergewöhnlicher Bedrohung mit katastrophenartigen Ausmaßen. Bedingung dieser Erklärung ist, dass das Ereignis bei fast jedem Betroffenen eine tiefe Verzweiflung hervorrufen würde. Dieses Kriterium wird in der angeführten Literatur kritisiert, da die subjektiven Reaktionen auf eine vergleichbare Traumatisierung durchaus unterschiedlich sein können. Das DSM-IV beschreibt als Trauma ein Ereignis, das schwere körperliche Verletzung, tatsächlichen oder möglichen Tod oder eine Bedrohung der physischen Integrität der eigenen Person oder anderer Personen beinhaltet. Entscheidend ist dabei die subjektive Reaktion mit intensiver Furcht, Hilflosigkeit oder Entsetzen, bei Kindern auch aufgelöstes oder agitiertes Verhalten. Dies basiert auf Befunden, dass vor allem die sub-

[21] Def. Verzögert bzw. über eine längere Zeitspanne hinweg andauernd.

jektiv wahrgenommene Bedrohung die spätere posttraumatische Symptombelastung vorhersagt.

"Die ICD-10 nennt intrusive Phänomene als Leitsymptom, während Vermeidung und erhöhter Erregbarkeit eine geringere Rolle zugeschrieben wird."[22] Wiederholte, unausweichliche Erinnerungen oder Wiederinszenierung des Ereignisses in Gedächtnis (Intrusionen), Tagträumen oder Träumen sind im Zusammenhang mit einem traumatischen Ereignis laut ICD-10 symptomatisch für die Diagnose einer PTBS. Nach DSM-IV dagegen wird das Vorliegen von Symptomen aus den drei Symptombereichen Intrusionen, Vermeidung, emotionale Taubheit und autonome Übererregung verlangt sowie eine durch die Symptomatik bedingte klinisch bedeutsame Beeinträchtigung im sozialen, beruflichen oder anderen wichtigen Lebensbereichen. Nach ICD-10 soll eine PTBS nur dann diagnostiziert werden, wenn sie innerhalb von 6 Monaten nach dem Trauma aufgetreten ist, danach wird eine wahrscheinliche Diagnose PTBS vergeben. Diese Beschränkung steht im Kontrast zum DSM-IV, welches gerade eine Form der PTBS mit verzögertem Beginn (ab 6 Monate nach dem Trauma) spezifiziert. Die ICD-10 spezifiziert kein Kriterium der Dauer der Symptomatik, laut DSM-IV muss sie seit mindestens 4 Wochen bestehen. Das DSM-IV unterscheidet zwischen einem akuten (weniger als 3 Monate andauernden) und einem chronischen (länger als 3 Monate andauernden) Verlauf der Störung.

---

[22] Vgl. Butollo, W., Hagl, M., Krüsmann, M. (2003) „Kreativität und Destruktion posttraumatischer Bewältigung" S. 37

Die Arbeitsgemeinschaft wissenschaftlich medizinischer Fachgesellschaften, AWMF[23], hat Leitlinien zur PTBS vorgeschlagen. Diese Leitlinien fassen die Kernaussagen beider Klassifikationen zusammen:

- sich aufdrängende, belastende Gedanken und Erinnerungen an das Trauma (Intrusionen) oder Erinnerungslücken (Bilder, Alpträume, „Flash-backs", partielle Amnesie)
- Übererregungssymptome (Schlafstörungen, Schreckhaftigkeit, vermehrte Reizbarkeit, Affektintoleranz, Konzentrationsstörungen)
- Vermeidungsverhalten (Vermeidung traumaassoziierter Stimuli)
- emotionale Taubheit (allgemeiner Rückzug, Interesseverlust, innere Teilnahmslosigkeit)
- akute Belastungsreaktion binnen 2 – 30 Tagen
- PTBS akut bis zu 3 Monaten und chronisch ab 3 Monaten

Die Wissenschaftler und Traumaspezialisten G. Fischer & P. Riedesser schlagen für die geschilderte Symptomkonstellation einer PTBS die Bezeichnung „basales psychotraumatisches Belastungssyndrom" (bPTBS) vor. *„Diese Übersetzung ist der englischen Abkürzung relativ ähnlich, in der Terminologie aber aus verschiedenen Gründen nicht völlig identisch. Wir halten die Vorsilbe posttraumatisch für zweifelhaft, da sie eine Gleichsetzung von Trauma und traumatischem Ereignis suggeriert, während Trauma nach unserem Verständnis und auch im üblichen Sprachgebrauch eher einen prozessualen Verlauf nahe legt. Das Trauma ist nicht vorbei, wenn die traumatische Situation oder das traumatische Ereignis vorüber ist."*[24] Ihrer Argumentation zur Folge habe

[23] Vgl. http://www.awmf.org (Abruf 03.04.2008)
[24] Vgl. Fischer, G., Riedesser, P. (2003) „Lehrbuch der Psychotraumatologie" S. 46

der Begriff „Stress“ im Deutschen historisch eine andere Bedeutung und stelle eine vom PTSD klinisch abweichende Symptomkonstellation dar. Die Vorsilbe „post“ solle durch „Psycho“ ersetzt werden, da diese sonst suggeriere, dass das Trauma mit dem Ende des Ereignisses vorbei sei. Gleiches gilt für die Verwendung des Begriffes „Stress“ im Deutschen: er endet, wenn der Stressor endet. Reaktion und Auslöser fallen also in der Formulierung gedanklich zeitgleich aufeinander und eine nachhaltige Veränderung oder Reaktion ist in dieser Formulierung gedanklich nicht vorgesehen, im Falle einer Psychotraumatisierung aber grundlegend für das Verständnis der Störung. Eine traumatische Erfahrung ist als ein dynamischer Verlauf mit Phasen der traumatischen Situation, der traumatogenen Reaktion und des traumatischen Prozesses zu sehen.

Differentialdiagnostisch ist die PTBS von einer Reihe von Störungen zu unterscheiden, die teilweise verwandte Symptome aufweisen:

- Depressionen
- Akute Belastungsreaktion beinhalten ebenfalls Symptome des ständigen Wiedererlebens, der Vermeidung und eines erhöhten Arousals, allerdings nur innerhalb des ersten Monats nach Konfrontation mit dem traumatischen Ereignisses.
- Anpassungsstörung resultiert aus psychosozialen Belastungen deren Bewältigung dem Betroffenen aufgrund einer individuellen Disposition nicht störungsfrei gelingt. Mit Belastungen sind hier einschneidende Lebensveränderungen oder belastende Lebensereignisse nicht katastrophalen Ausmaßes gemeint, die das soziale Umfeld des Betroffenen oder seine körperliche Integrität betreffen. Die Symptome beginnen innerhalb eines Monats nach der Belas-

tung und dauern bis maximal sechs Monate nach Ende der Belastung oder ihrer Folgen an.

- Dissoziative Störungen zeigen eine teilweise oder völlige Abspaltung von psychischen Funktionen wie des Erinnerungsvermögens, eigener Gefühle, der Wahrnehmung der eigenen Person und / oder der Umgebung.
- Andauernde Persönlichkeitsveränderung nach Extrembelastung bezeichnet späte, chronifizierte Folgen von extrem belastenden Erfahrungen. Die Belastung infolge des traumatisierenden Erlebnisses muss so extrem sein, dass die Vulnerabilität der Betroffenen als Erklärung für die tief greifende Auswirkung auf die Persönlichkeit nicht ausreicht. Die Diagnose setzt eine mindestens zwei Jahre andauernde Persönlichkeitsveränderung voraus, die sich nicht auf eine bereits vorher bestehende Persönlichkeitsstörung oder auf eine hirnorganisch bedingte Störung mit vergleichbarer Symptomatik zurückführen lässt. Eine PTBS kann derartigen dauerhaften Persönlichkeitsveränderungen vorangehen, sie können sich aber auch ohne diese entwickeln.
- Trauerreaktion
- Angststörungen
- organische Psychosyndrome

3. Psychotrauma im Beruf

„Von Helfern – von Angehörigen von Sanitäts- und Rettungsdiensten, Feuerwehrleuten, Exekutivbeamten, Bergarbeitern, Technikern und Soldaten, aber auch Psychologen, Ärzten, Pflegepersonen, Seelsorgern sowie von freiwilligen Helfern aller Art – wird oft mit der größten Selbstverständlichkeit erwartet, dass sie mit außergewöhnlichen Situationen besser umgehen können als andere. Das betrifft auch Ereignisse, die körperlich und emotional sehr belastend sind."[25]

3.1 Besonders betroffene Berufsgruppen – Prävalenzen

Wie in Abschnitt 2.1 bereits angesprochen, sind laut der Traumadefinition im DSM-IV Manual[26] Situationen nicht nur dann potenziell traumatisierend, wenn eine Person selbst in Gefahr gerät, sondern auch der Anblick anderer Menschen, die ernsthaft verletzt oder getötet werden, kann diese Wirkung hervorrufen. Man unterscheidet in primäre und sekundäre Traumatisierung.

Die primäre psychische Traumatisierung ist dadurch charakterisiert, dass die Betroffenen selbst ein erschütterndes Geschehnis durchlebt haben, ihre seelische Verletzung durch die Angst der persönlich erlebten Bedrohung dominiert ist, sie sich in diesem Moment hilflos ausgeliefert fühlen und ihre Überzeugung der persönlichen Unverletztheit zutiefst erschüttert wurde.

---

[25] Vgl. Hausmann, C. (2003) „Handbuch Notfallpsychologie und Traumabewältigung" S. 252

[26] Vgl. Saß, H., Wittchen, H.-U., Zaudig, M. (1996) „Diagnostisches und Statistisches Manual Psychischer Störungen"

Die sekundäre psychische Traumatisierung kennzeichnet sich dadurch, dass die Betroffenen miterlebt haben, dass andere Menschen zu Schaden kamen oder davon Kenntnis erlangt haben. Personen, die während und durch die Arbeit mit traumatisierenden Ereignissen konfrontiert werden, sind bei ihrer Tätigkeit oft sowohl primärem als auch sekundärem traumatischem Stress ausgesetzt.

In den USA wurden von N. Breslau (1998) und R. C. Kessler[27] (1995) Erhebungen an repräsentativen Bevölkerungsgruppen im Alter zwischen 18 und 60 Jahren durchgeführt. *„Die Ergebnisse, die vermutlich auch auf Europa und die BRD übertragbar sind, zeigen, dass die Mehrheit der Bevölkerung in ihrem Leben mindestens einmal mit einem potenziell traumatisierenden Ereignis konfrontiert wird."*[28] Eine PTBS entwickelt allerdings wohl nur ein geringer Teil der Betroffenen. Die wichtigsten epidemiologischen Befunde von Breslau und Kessler lassen sich wie folgt zusammenfassen:

- Die Mehrheit der Bevölkerung wird in ihrem Leben mit mindestens einem traumatischen Ereignis konfrontiert (60 – 90%)
- Der Tod eines nahe stehenden Menschen ist der häufigste Grund (60%)
- Nur ein geringer Teil der Betroffenen entwickelt eine PTBS (7,8 – 9,2%)
- Männer werden häufiger mit traumatischen Situationen konfrontiert als Frauen (61 – 92% vs. 51 – 87%)

---

[27] Vgl. Breslau, N., Kessler, R.C. (1998) „Trauma and posttraumtic stress disorder in the community"

[28] Vgl. Teegen, F. (2003) „Posttraumatische Belastungsstörung bei gefährdeten Berufsgruppen" S. 29

- Das Risiko eine PTBS zu entwickeln ist für Frauen min. doppelt so hoch wie für Männer (10 – 13% vs. 5 – 6%)

Verschiedene Berufsgruppen sind im Rahmen ihrer Tätigkeiten besonders gefährdet ein psychisches Trauma zu erleben und eine PTBS zu entwickeln, da sie sehr häufig mit stark belastenden Ereignissen am Arbeitsplatz konfrontiert sind. Zur generellen Wahrscheinlichkeit, im Alltag traumatischen Ereignissen ausgesetzt zu sein, kommt also u.U. die Belastung, die im Zusammenhang mit der beruflichen Tätigkeit erlebt wird, hinzu. *„Dies ist insofern bedeutsam, als die Wahrscheinlichkeit, ein traumatisches Ereignis zu erleben, für die Allgemeinbevölkerung im Vergleich zu professionellen Helfern deutlich geringer ist.“*[29] Als Risikogruppen, die aufgrund ihrer beruflichen Situation besonders gefährdet sind, können laut F. Teegen[30] psychosoziale Helfer, Personen, die eventuell Gewalterfahrungen am Arbeitsplatz erleben müssen (z.B. Sparkassen- und Bankangestellte), Lokführer, Mitarbeiter bei Feuerwehr, Polizei, Rettungsdienst und in der Intensivpflege sowie Journalisten genannt werden. Hier werden Berufe unterschieden, die aufgrund ihrer notwendigen Tätigkeit sehr häufig direkt oder indirekt mit katastrophalen Ereignissen konfrontiert sind (z.B. Feuerwehr, Rettungsdienst, Polizei, Militär), und Berufe, die aufgrund ihrer Tätigkeit eine erhöhte Gefahr beinhalten, Opfer von Konfrontation mit traumatischen Ereignissen (z.B. Bankangestellte, Kassierer) sind. Tabelle 1 gibt einen Überblick über die unterschiedlichen Studien.

---

[29] Vgl. Heinrichs, et. al. (2001) „Posttraumatische Belastungsstörung bei Risikoberufsgruppen: Entstehung, Häufigkeit, Folgen“ S. 276

[30] Vgl. Teegen, F. (2003) „Posttraumatische Belastungsstörung bei gefährdeten Berufsgruppen“ S. 115

Berufsgruppe	Studie	N		Prävalenzen%
Feuerwehr und Hilfe-leistung	Wagner et.al. (1999)	402	PP	18,2%
	Teegen et.al. (1997)	98	PP	9%
Gesundheitswesen	Teegen & Yasui (2000)	129	PP	36%
	Teegen & Müller (2000)	144	PP	41%
Allgemeinbevölkerung	DSM-IV		LZ	1-14%
	Heinrichs & Ehlert (2003)		LZ	1-9%
	Breslau et.al. (1991)		LZ	8-9,2%

Tabelle 1: Prävalenzen der PTBS bei gefährdeten Berufsgruppen

Betrachtet man die angegebenen Prävalenzen für eine PTBS, so liegen die Werte des Rettungspersonals und der Intensivpflegekräfte mit 36% und 41% sehr viel höher als die der Feuerwehr und Hilfeleistung. *„80% litten unter bedrängenden Erinnerungen, 70% unter Symptomen eines erhöhten Erregungsniveaus; 36% hatten eine PTBS ausgebildet.“*[31] Es ist schwer zu sagen, worauf die unterschiedlichen Ergebnisse zurückzuführen sind. Vermutlich spielen hier sowohl methodische Probleme sowie Risiko und Schutzfaktoren als Einflussfaktoren eine Rolle, und es mischen sich persönliche und berufsbedingte Einflüsse dazu. Es ist ebenso nicht ersichtlich, inwiefern eine Trennung zwischen den Berufsgruppen „Feuerwehr und Hilfeleistung“ und „Gesundheitswesen“ vorgenommen wurde. In Köln beispielsweise kann dies nicht klar getrennt werden. Hier fährt, wie in einigen anderen Kreisen und Städten auch, neben den Hilfsorganisationen DRK, ASB, JUH und MHD auch die Feuerwehr Einsätze im Rettungsdienst und kümmert sich nicht ausschließlich um ihr eigentliches Ausgabengebiet.

[31] Vgl. Teegen, F., et.al. (2000) „Traumaexposition und Posttraumatische Belastungsstörung bei Pflegekräften auf Intensivstationen“ S. 65

Es ist leider aus den Daten nicht erkennbar, ob die verschiedenen untersuchten Gruppen auf traumatische Ereignisse vorbereitet waren, inwiefern also berufsspezifische Schutzfaktoren eine Rolle spielen. An dieser Stelle lässt sich nur vermuten, dass eine gute Vorbereitung auf mögliche traumatische Ereignisse präventiv wirken kann. Es kann aber angenommen werden, dass eine Beschäftigung mit den Ereignissen im Vorfeld und klare Handlungsrichtlinien sowie eine sinnvolle Nachbesprechung des Einsatzes das Auftreten einer PTBS weniger wahrscheinlich machen könnte.

Die ausgewerteten Fragebögen von 402 Einsatzkräften der Berufsfeuerwehren in Rheinland-Pfalz (Rücklaufquote 70%) im Rahmen einer Doktorarbeit von Dieter Wagner an der Universität Trier[32] im Jahr 1999 ergeben einige Aufschlüsse. So erfüllten 18,2% der Einsatzkräfte die Kriterien einer PTBS und zeigten zudem auch psychische Auffälligkeiten. *"Weitere 6,29% der Untersuchten berichteten zwar über Belastungssymptome, die für eine PTBS ausreichen würden, zeigten aber darüber hinaus keine psychischen Auffälligkeiten."*[33] Neben einer Gruppe von 27,1% mit ausschließlich erkennbaren psychischen Auffälligkeiten erfüllten weitere 23,9% der Helfer die Kriterien einer so genannten subsyndromalen PTBS. Eine subsyndromale PTBS kann sowohl kurzfristig als auch langfristig sein und findet in abgeschwächter Ausprägung statt. Es handelt sich hier nicht um eine akute oder chronische PTBS und nicht um eine behandlungsbedürftige psychische Störung. Nichtsdestotrotz ist die Lebensqualität dieser Personen in der

---

[32] Vgl. Wagner, D. (2001) „Epidemiologie, Psychoendokrinologie und Prävention von Posttraumatischen Belastungsstörungen bei Einsatzkräften der Feuerwehr" S. 55
[33] Vgl. Wagner, D. (1999) „Primäre u. sekundäre Posttraumatische Belastungsstörung" S. 34

Regel eingeschränkt. Lediglich 24,5% aller befragten Einsatzkräfte zeigten keinerlei relevante psychische Auffälligkeit.

Bei der Darstellung der Einsätze, die bei den Notfallhelfern am ehesten seelische Wunden hinterlassen, kamen die durchgeführten Studien zu ähnlichen Ergebnissen. In einer Studie von F. Teegen[34] die im Jahr 1997 in Hamburg durchgeführt wurde, berichteten alle 353 Einsatzkräfte (100%) der Feuerwehr, Rettungsdienste und Polizei über berufliche Einsätze, in denen sie mit Toten, Sterbenden und Schwerstverletzten konfrontiert wurden. *„Alle Feuerwehrleute und alle PolizistInnen berichteten über berufliche Einsätze, die sie mit Toten, Sterbenden, Schwerverletzten konfrontierten, d.h. von Einsätzen, die als potenziell traumatisierend zu bewerten sind.“*[35] Als besonders belastend wurden an erster Stelle übereinstimmend Einsätze mit verletzten oder toten Kindern sowie der Anblick und Geruch toter Menschen erlebt. *"Für Rettungssanitäter / Innen gilt sogar, dass sie in einem Zeitraum von einigen Monaten mehr emotional befrachtete Situationen durchmachen als der durchschnittliche Mensch während seines ganzen Lebens."*[36] Unklar ist, warum sich lange Zeit in Deutschland keine repräsentative, epidemiologische Untersuchung mit der Frage beschäftigte, inwieweit das erhöhte Auftreten von primärem und insbesondere auch sekundärem Stress in dieser Berufsgruppe zu einer erhöhten Prävalenz von Erkrankungen wie der PTBS führt.

---

[34] Vgl. Teegen, F., et.al. (1997) „Hochbelastende Erfahrungen im Berufsalltag von Polizei und Feuerwehr...“

[35] Vgl. Teegen, F., et.al. (1997) „Hochbelastende Erfahrungen im Berufsalltag von Polizei und Feuerwehr...“ S. 588

[36] Vgl. Buijssen, H. (1997) „Wenn der Beruf zum Alptraum wird“ S. 64

3.2 psychische Belastungen im Rettungsdienst

"Die Unglücksstelle hat mich an einen Kriegsfilm erinnert", meint Niemüller. "Überall zerfetzte Menschenkörper zwischen den Zugtrümmern. Glücklicherweise hatte die Polizei schon weiträumig abgesperrt. Es gab keine Gaffer." Als alle Verletzten medizinisch versorgt und abtransportiert waren, wurden die DRK-Helfer mit der Suche nach Vermissten und Leichen beauftragt. "Für diese Arbeit haben wir nur psychisch belastbare Helfer eingesetzt", versichert Niemüller. Der Rettungsassistent weiß um die psychische Belastung seiner Kollegen. "Während des Helfens lässt man solche Eindrücke gar nicht so nah an sich heran, da zählt nur das Handeln, der nächste Handgriff. Aber ein paar Stunden später, wenn man zur Ruhe kommt, versucht man die schrecklichen Bilder zu verarbeiten. Dann kommen Emotionen hoch, im Hals wird es eng."[37]

Nicht etwa nur Großeinsätze, wie bei der Flugkatastrophe in Ramstein 1988, beim ICE-Zugunglück von Eschede 1998 oder dem Transrapid Unglück im Emsland 2006, sondern auch alltägliche Erfahrungen im Rettungsdienst gehen mit einer hohen psychischen Belastung für die im Einsatz befindlichen Helfer vor Ort einher. Während Wolfgang Schmidbauer 1992 noch seine Beobachtungen zum *hilflosen Helfer*[38] aus der Problematik der helfenden Berufe und der Psychodynamik des „Helfersyndroms" ableitete, liegen inzwischen zur psychotraumatischen Belastung der Einsatzkräfte von Rettungsdiensten wichtige neue Befunde vor. Als Beispiel dazu hier die Einsatzbeschreibung einer Notärztin: *„Ich wurde zu einer Großfamilie gerufen. Der 74-jährige Groß-*

[37] Zitiert aus: http://www.notfallseelsorge.de/eschdrklv.htm#segs (Abruf 10.04.2007)
[38] Vgl. Schmidtbauer, W. (1992) „Die hilflosen Helfer"

vater war nach dem gemeinsamen Abendessen plötzlich im Flur zusammengebrochen. Beim Eintreffen des Rettungsdienstes zeigte der Patient im EKG eine Asystolie. Die Reanimation wurde sofort begonnen. Die Intubation des Patienten sowie das Legen eines i.v.-Zugangs gelang problemlos und schnell. Auf mehrere Gaben von Adrenalin und Puffersubstanzen zeigte der Patient jedoch keinerlei Herzaktion und die Reanimation blieb erfolglos. Nach 40 Minuten mussten wir den Reanimationsversuch enttäuscht beenden. Während der Bemühungen war die gesamte Familie, bestehend aus 8 Personen einschließlich der beiden Enkel im Alter von 6 und 9 Jahren, in der Wohnung anwesend. Da sie zunächst nicht verstehen konnten, wie bedrohlich der Zustand ihrer Angehörigen war, ließen sie sich während der Reanimation nicht abhalten, die Maßnahmen des Rettungsdienstpersonal immer wieder zu stören und wollten auch den Raum nicht verlassen."[39]

Die oben geschilderte Situation ist für den Notarzt und das Rettungsdienst-personal alltägliche Routine. Zahlreiche Notarzteinsätze bestehen aus primär erfolglosen Reanimationen oder aus der Feststellung des Todes der Patienten. Belastungen für Mitarbeiter im Rettungsdienst entstehen demnach nicht nur, durch Katastropheneinsätze, sondern ebenso durch wie oben beschriebene Routineeinsätze. *„Im Zusammenhang mit Routinediensten wurde bei 5% - 9% eine chronische PTBS festgestellt."*[40] Häufig bleiben betroffene Helfer mit ihrer traumatischen Belastung allein und finden entweder kaum institutionelle Hilfe oder suchen sie erst gar nicht. Erst seit einigen Jahren werden die Belastungen

[39] Zitat von K. Schüler, Notärztin aus Düsseldorf

[40] Vgl. Teegen, F., et.al. (2000) „Traumaexposition und Posttraumatische Belastungsstörung bei dem Personal von Rettungsdiensten" S. 67

angemessen wahr- und ernst genommen und in ihrer Relevanz in Fachkreisen diskutiert.

Belastungsfaktoren für die Mitarbeiter im Rettungsdienst hängen stark von den Rahmenbedingungen ab. Diese kann man grob in Aufgabenstruktur, Rollen- und Interaktionsstruktur sowie der Organisationsstruktur einteilen. Auf der Ebene der Aufgabenstruktur ergeben sich Quellen der psychischen Belastung die ich im Folgenden gerne näher erläutern möchte:

- Arbeitsumgebung und technische Anforderung
- Fachspezifische Anforderung
- Psychologische Anforderung
- Arbeitsaufkommen und Faktor Zeit
- Mehrfachbelastung

Die Arbeitsumgebung wechselt ständig, da der Einsatzort meist vorher unbekannt ist. Sie wird ggf. behindert durch schlechte Zugänglichkeit, Zuschauer oder schlechte Witterung und Dunkelheit. Die Technik ist natürlich oftmals hilfreich, kann aber auch enorm belasten (z.B. Lautstärke des Sondersignals, Störungen im Funkgerät). Dazu kommt, dass technische Geräte auch immer wieder komplett versagen, was unvorhergesehen zu Problemen führen kann (z.B. EKG-Kabel defekt).
Die fachspezifischen Anforderungen werden vor allem durch die vielen unterschiedlichen Arten von Notfällen im Einsatz bestimmt. Einige Notfälle sind (je nach Einsatzgebiet) eher Routine, andere kommen selten vor, erfordern aber wiederum besondere und / oder sehr sensible Maßnahmen. Auf den Kindernotfall folgt beispielsweise der infektiöse Patient,

darauf der alkoholisierte, aggressive Patient, der u.U. kein Deutsch versteht, und dann möglicherweise eine suizidgefährdete junge Frau. Dies stellt den Helfer innerhalb von wenigen Stunden vor immer neue Herausforderungen, welche nicht planbar sind. Diese unmögliche Planbarkeit stellt eine weitere Belastung dar. *„Bereits der Stressforsche Mason (1968) definierte vier Kriterien für eine Situation, die von Individuen als Stress wahrgenommen wird und welche auch für Einsatzsituationen zutreffen: Unkontrollierbarkeit, Unvorhersagbarkeit, Mehrdeutigkeit und Antizipation negativer Konsequenzen."*[41]

Die Verantwortung für die Gesundheit oder sogar das Leben eines anderen Menschen stellt eine weitere enorme psychische Anforderung dar. Behandlungsfehler oder das Treffen von Entscheidungen über das weitere Vorgehen (z.B. die unklare, fragliche zu treffende Entscheidung über die Nachalarmierung des Notarztes) können den anvertrauten Patienten schädigen oder gar töten.

Die Arbeitsaufkommen kann sowohl eine quantitatives als auch qualitatives Moment aufweisen. An einem Tag A gibt es in einer 24 Stunden-Schicht beispielsweise nur 5 Einsätze und an anderen Tag B dagegen 18. Trotzdem kann der Tag A qualitativ überfordern, indem hier anders als am Tag B schwierige, belastende Einsätze zu bewältigen sind.

Ein weiteres und nahe liegendes Problem ist der Faktor Zeit, unter dem die meisten Einsätze stehen. Die Zeitdauer von der Alarmierung bis zum Eintreffen beim Patienten kann entscheidend sein. Der Zeitdruck wird aber nicht nur durch die jeweilige medizinische Dringlichkeit, sondern

---

[41] Vgl. Bengel, J. (2004) „Psychologie in Notfallmedizin und Rettungsdienst". S. 28

auch durch personelle Auslastung und Schwankungen in der Einsatzhäufigkeit bestimmt. Wenn das Personal beispielsweise über das Funkgerät erfährt, dass ein Rettungswagen aus einem benachbarten Bezirk in das eigene Wachgebiet fahren muss, da ein neuer Notfall anliegt, setzt dies enorm unter Druck, seinen eigenen Einsatz fertig zu stellen und wieder einsatzbereit zu sein.

Die Mehrfachbelastung ergibt sich aus der Kombination der einzelnen Belastungen: Schichtdienst, Rufbereitschaft, Zeitdruck, hohes Einsatzaufkommen, Konflikte mit Patienten, Angehörigen oder Kollegen, schlechte Witterungsverhältnisse, defektes technisches Gerät oder auch die noch nicht eingespielte Zusammenarbeit mit neuen Kollegen. *„Eine 24-Stundenschicht mit einem neuen oder mir unsympathischen Kollegen ist deutlich anstrengender als die mit einem „alten Hasen“. Manchmal habe ich richtig Angst und Bauchschmerzen vor der Schicht mit den neuen Kollegen und hoffe, dass nichts Schlimmes passiert. Mit dem „alten Hasen“ versteht man sich halt blind. Der kennt meine Stärken und Schwächen und weiß wie ich ticke. Umgekehrt ist das auch der Fall und das macht vieles einfacher.“*[42] All diese parallel auftretenden Belastungen können zusammen genommen die Ressourcen des Mitarbeiters hochgradig beanspruchen, somit zur Bewältigung anderer Aufgaben fehlen und letztendlich zur Überforderung führen.

Das soziale Gefüge, die Rollen- und Interaktionsstruktur sind ein weiterer Aspekt der Belastung. Es kann zu Rollenkonflikten kommen, wenn die einsatzbedingten Anforderungen an die Mitarbeiter über die dienstlich oder rechtlich definierten Aufgabenbereiche hinausgehen. Hier handelt

[42] Zitat P.-D. Gülicher, Rettungsassistent aus Köln

der Mitarbeiter im Einsatz u.U. außerhalb seiner rechtlichen Kompetenz. Das geschieht z.B., wenn er als erster Helfer zu einem schweren Unfall kommt und weiß, dass der zuständige Notarzt noch nicht vor Ort ist. Hier gerät er in einen Konflikt, da er dringend notwendige Maßnahmen am Patienten theoretisch zwar durchführen kann (z.B. venösen Zugang legen, Intubieren, Medikamente verabreichen) – aber ggf. nur bedingt darf. In Köln wird dies beispielsweise im Rahmen der Notkompetenz unter gewissen Voraussetzungen je nach Notarzt gestattet, toleriert oder gar vorausgesetzt, in anderen Gebieten ist es wiederum verboten.

Eine Rollenambiguität[43] kann entstehen, wenn die Informationsmenge nicht zur Aufgabendurchführung ausreicht oder wenn zu einer lebensrettenden Maßnahme unterschiedliche oder keine verbindlichen Aussagen getroffen werden.

Zur Rollenüberforderung kann es kommen, wenn die Bedingungen von Mitarbeitern mehr fordern, als diese es auf Grund der zur Verfügung stehenden Zeit und Mittel leisten können (z.B. erfolglose Reanimation). Zur Interaktionsstruktur zählen die negativen Beziehungen zu Kollegen und Vorgesetzten, Hierarchieprobleme und mangelnde Rückmeldungen über Einsatzerfolge. *„Zweifellos ist der soziale Zusammenhalt im Rettungsdienst eine entscheidende Größe bei der erfolgreichen Durchführung der Arbeitsaufgaben.“*[44]

Auch Merkmale der Organisationsstruktur können Quellen der Belastung sein. Von großer Bedeutung sind im Rettungsdienst die Arbeitszeiten

---

[43] Def. Ambiguität: Unsicherheit / Mehrdeutigkeit
[44] Vgl. Bengel, J. (2004) „Psychologie in Notfallmedizin und Rettungsdienst“ S. 30

und die Partizipation der Mitarbeiter an innerbetrieblichen Entscheidungen. Hier gibt es Defizite, die offensichtlich unterschätzt werden. So wird "*die Problematik langer Arbeitszeiten im Rettungsdienst dadurch verstärkt, dass bei geringer Auslastung die reguläre Arbeitszeit durch Arbeitsbereitschaftszeiten bis zu einer 50 bis 60 Stunden Woche ausgedehnt werden kann.*"[45] Ein anderes Problem wird in der Aus- / Fortbildung gesehen. Viele Mitarbeiter halten sich für nicht ausreichend qualifiziert und vorbereitet. Dies bestätigt auch die Studie von F. Teegen aus dem Jahr 2000: „*Die Hälfte äußerten Wünsche nach einer inhaltlichen Verbesserung der Ausbildung, insbesondere durch realistischere Vorbereitung auf die psychischen Belastungen und sprachen sich für mehr Fortbildung, regelmäßige Supervision und stärkeren emotionalen Austausch unter Kollegen aus.*"[46] Mehr Fortbildung und fachspezifische Trainings werden gefordert. „*Geäußert wird vor allem der Wunsch nach mehr Praxisnähe und einer angemessenen Vorbereitung auf Extremsituationen.*"[47] Dies ist umso mehr von Bedeutung, da das Ansehen eines jeden Berufsstandes in der Öffentlichkeit sich auf die Berufszufriedenheit auswirkt und von den Rettungsdiensten aufgrund ihrer hohen Lebens- bzw. Gesundheitsentscheidende Rolle eine besondere Qualifikation erwartet wird.

Neben den Bewertungsstrategien eines Menschen, die sowohl als Ursache für Stress als auch als Ressource zur Bewältigung von Stressoren

---

[45] Vgl. Bengel, J. (2004) „Psychologie in Notfallmedizin und Rettungsdienst" S. 31
[46] Vgl. Teegen, F., et.al. (2000) „Traumaexposition und Posttraumatische Belastungsstörung bei dem Personal von Rettungsdiensten" S. 71
[47] Vgl. Teegen, F., et.al. (1997) „Hochbelastende Erfahrungen im Berufsalltag von Polizei und Feuerwehr..." S. 596

angesehen werden können, nennt Philip Zimbardo[48] Ressourcen, die den Umgang mit Stress mitbestimmen können:

- materielle Ressourcen
- persönliche Kompetenzen
- soziale Ressourcen

Zu den materiellen Ressourcen können Geldsorgen und der Grad der eigenen medizinischen Versorgung gehören. Persönliche Ressourcen beziehen sich auf die Fertigkeiten, die ein Mensch erlernt hat, um mit Stress umzugehen und auf die Bewältigungsstile, die er bisher für sich entdeckt und gelebt hat. Soziale Ressourcen können aus sozialen Netzwerken wie Familie, Freunde, oder dem Kollegenkreis stammen, aber auch aus professioneller Unterstützung wie Psychologen, Sozialarbeitern, Pädagogen oder Medizinern bestehen.

3.3 Risiko– und Schutzfaktoren

Kurz soll an dieser Stelle auf die Frage eingegangen werden, warum einige Notfallhelfer nach einem durchaus ähnlichen Ereignis anfälliger für die Entwicklung von Psychotraumata oder einer PTBS sind als andere. *"Die große Variationsbreite traumatischer Situationen, Situationsfaktoren und Dynamiken trifft auf ein breites Spektrum subjektiver Disposition und persönlicher Reaktionsbereitschaft.*"[49] Alle

[48] Vgl. Zimbardo, P.G. (1995) „Psychologie" S. 576
[49] Vgl. Fischer, G., Riedesser, P. (2003) „Lehrbuch der Psychotraumatologie" S. 145

Menschen bringen ihre unterschiedlichen Dispositionen physiologischer, psychischer oder sozialer Art in die traumatische Situation ein. Sie verfügen über subjektive Faktoren und Voraussetzungen, die günstige oder nachteilige Auswirkungen auf eine Verarbeitung ihrer traumatischen Erfahrungen haben können. Protektive Faktoren, auch Schutz- oder Resilenzfaktoren genannt, unterstützen die menschliche Widerstandskraft und Anpassungsfähigkeit in schwierigen Situationen. Zudem können diese Faktoren auch korrektiv in den Verarbeitungsprozess eingreifen. Biographische Resilienz bzw. Schutzfaktoren beschreiben Egle, Hoffmann und Joraschky[50] 1996:

- Dauerhaft gute Beziehung zu min. einer primären Bezugsperson
- Aufwachsen in einer Großfamilie (kompensatorischen Beziehungen zu den Großeltern und entsprechende Entlastung der Mutter)
- Ein gutes Ersatzmilieu nach frühem Mutterverlust
- Überdurchschnittliche Intelligenz
- Ein robustes, aktives und kontaktfreudiges Temperament
- Sicheres Bindungsverhalten
- Soziale Förderung, z.B. durch Jugendgruppen, Schule oder Kirche
- Verlässlich unterstützende Bezugspersonen im Erwachsenenalter, vor allem Ehe- oder sonstige konstante Beziehungspartner
- Ein robustes, aktives, kontaktfreudiges Temperament
- Eine geringe Risiko-Gesamtbelastung

---

[50] Vgl. Egle, U.T., et.al. (1996) „Sexueller Missbrauch, Misshandlung, Vernachlässigung“

Dagegen tragen die auch als Risiko- oder Vulnerabilitätsfaktoren bezeichneten pathogenen Einflüsse entscheidend zu einer möglichen seelischen Verletzung und Verwundbarkeit der betroffenen Menschen bei. *"Während anfänglich die Natur des Stressors noch der entscheidende Faktor in der Ausformung der Symptomatik sein mag, spielen im Verlauf einer Chronifizierung oder Heilung die individuelle Vulnerabilität und die Stärken einer Person eine tragende Rolle."*[51]

Teegen[52] unterteilt zunächst die Risikofaktoren für die Entwicklung einer PTBS in Ereignisfaktoren, Merkmale der Person, akute Reaktion und Umweltreaktion und führt sie zusammenfassend als Risikofaktoren an:

- Ereignisfaktoren: Schwere und Dauer des Traumas, Mehrfachtraumatisierung
- Merkmale der Person: geringes Lebensalter, niedriger sozioökonomischer Status, vorherige psychische Erkrankung, ungünstige Bewältigungsstrategien, weibliches Geschlecht
- Akute Reaktionen: Dissoziation, akute Belastungsstörung
- Umweltreaktion: fehlende soziale Unterstützung

Einen besonderen Stellenwert nehmen neben körperlicher Fitness und einem stabilen sozialen Netzwerk die Einschätzung der eigenen Kompe-

---

[51] Vgl. Butollo, W., Hagl, M., Krüsmann, M. (1999) „Kreativität und Destruktion posttraumatischer Bewältigung“ S. 118

[52] Vgl. Teegen, F. (2003) „Posttraumatische Belastungsstörung bei gefährdeten Berufsgruppen“ S. 30

tenzen beziehungsweise die Selbstwirksamkeit[53] ein. Im Rahmen einer Längsschnittstudie von M. Heinrichs[54] an Einsatzkräften konnte nachgewiesen werden, dass sich anhand der Selbstwirksamkeit zu Beginn der Berufstätigkeit das Risiko einer PTBS zwei Jahre später statistisch vorhersagen lässt. *„Was befähigt Menschen, einen Beruf auszuüben, der sie immer wieder mit hochbelastenden Situationen konfrontiert? Auf diese Frage antworteten 76% der TeilnehmerInnen mit klaren und prägnanten Aussagen, die ein starkes Selbstbild, hohe soziale Motivation und eine konstruktive Lebensphilosophie erkennen lassen."*[55]

Zusammenfassend lässt sich sagen, dass das Risiko einer Person, im Anschluss an die Konfrontation mit Belastungen gesundheitliche Störungen zu entwickeln, neben der Wahrnehmung und Bewertung der Stressoren und den Reaktions- und Handlungsmöglichkeiten auch von den persönlichen Voraussetzungen (Ressourcen) des betroffenen Menschen abhängt. Vorhandene Ressourcen können die Reaktionsmöglichkeiten der Person verbessern beziehungsweise fehlende Handlungsmöglichkeiten kompensieren. In diesem Zusammenhang werden Ressourcen als die Mittel und Möglichkeiten verstanden, die der Mensch seinen Belastungen entgegensetzen kann.

Die Forschungsergebnisse der Psychotraumatologie bilden die theoretische Grundlage für ein umfassendes Wissen über die reaktiven

---

53 Def. Situationsspezifische Einschätzung des Individuums, sich in einer bestimmten Handlungssituation als kompetent zu erleben.

54 Vgl. Heinrichs et.al. (2002) „Posttraumatische Belastungsstörung bei Risikoberufsgruppen..."

55 Teegen, F., et. al. (1997) „Hochbelastende Erfahrungen im Berufsalltag von Polizei und Feuerwehr..." S. 593

Belastungen und die Kenntnisse der berufsspezifischen Stressoren. Gemeinsam mit den in diesem Abschnitt vorgestellten Risiko- und Schutzfaktoren fordert dieses Wissen Konsequenzen für ein angemessenes Entgegenwirken. Darauf basierend kann folgerichtig eine Analyse der Interventionsmöglichkeiten sozialer Arbeit erstellt werden, auf die ich in Abschnitt 6 noch genauer eingehen werde.

4. Therapie beim Psychotrauma

Die Autoren Fischer und Riedesser unterscheiden bei der Therapie des Psychotraumas zwischen postexpositorischer Traumatherapie und Therapie traumatischer Prozesse. Unter postexpositorischer Traumatherapie verstehen sie eine Trauma-Akuttherapie, die möglichst bald nach der Einwirkungsphase des Traumas stattfinden sollte, also dann, wenn die Betroffenen sich von der direkten Einwirkung der traumatischen Situation zu erholen beginnen. Sinn dieser Art von Therapie ist es, stressreduzierend zu wirken, verzögert auftretende PTBS oder Chronifizierungen zu mindern und die Fixierung pathologischer Reaktionen zu vermeiden.

Bei den traumatischen Prozessen hingegen hat sich die Persönlichkeit an die traumatische Erfahrung angepasst und gelernt mit ihr zu leben. Die traumatischen Ereignisse liegen längere Zeit zurück und unterliegen oft einer Erinnerungsverzerrung. Manchmal sind sie verdrängt oder zwar erinnerbar, jedoch ohne die zugehörige emotionale Bedeutung, also abgespalten. Dies hat meist dazu geführt, dass sich Persönlichkeitsstrukturen wie ein Schutzwall um die "Wunde" herum organisiert haben. Die Psychotherapie traumatischer Prozesse besteht hier in der Bearbeitung der verzerrten Abwehrstrukturen in Verbindung mit einer Stärkung der gesunden Strukturen. Sie zielt auf Wiedererleben, Durcharbeiten und die Integration der traumatischen Erfahrung ab. In der Praxis lassen sich diese beiden Arten der Therapie jedoch kaum trennen. In den folgenden Betrachtungen werden hauptsächlich Verfahren vorgestellt, die man eher der akuten Traumatherapie zuordnen würde.

4.1 Voraussetzungen und Hindernisse

Für Traumatherapeuten, Helfer und Forscher ist es unerlässlich, sich mit der eigenen Traumageschichte auseinanderzusetzen, um verschiedene Gefahren zu vermeiden. Es können *„eigene verdrängte oder nicht genügend bearbeitete Erfahrungen das Verständnis für die Traumatisierung anderer Menschen behindern bzw. verzerren: Selbsterkenntnis ist die Voraussetzung der Fremdkenntnis."*[56] Eine dieser Gefahren ist beispielsweise, dass verdrängte oder nicht genügend bearbeitete Erfahrungen das Verständnis für die Traumatisierung anderer Menschen behindern oder verzerren können. Selbsterkenntnis ist hier die Voraussetzung dafür, andere Menschen verstehen zu können. In diesem Zusammenhang spielt auch der sogenannte „Egozentrismus des Helfers" eine Rolle. So lässt sich oft beobachten, dass Personen, die sich im Traumabereich engagieren, eigene Traumata durchlebt haben und für sich eine mehr oder weniger gute Lösung im Umgang damit gefunden haben. In diesem Fall besteht nun häufig die Neigung, auch anderen Betroffenen das zukommen zu lassen, was sich für die eigene Person als nützlich erwiesen hat. Als Folge werden beispielsweise nur solche Therapieformen empfohlen, die man selbst erfahren und als hilfreich erlebt hat. Damit wird jedoch eine differenzierte Betrachtungsweise des Problems unmöglich. Dieses Phänomen stellt nicht nur in der praktischen Therapie ein Problem dar, sondern auch in der theoretischen Traumaforschung.

Ein weiteres zentrales Hindernis für die Therapie traumatisierter Personen ist die Tendenz, den Opfern die Schuld an dem zuzuschreiben, was

---

[56] Vgl. Fischer, G., Riedesser, P. (2003) „Lehrbuch der Psychotraumatologie" S. 194

ihnen angetan wurde oder sie zumindest als mitverantwortlich anzusehen. Diese Tendenz findet sich leider immer noch in der sozialen Umgebung ebenso wie bei den Opfern selbst. Hierbei handelt es ich um eine komplexe Abwehrstrategie, bei der mehrere Mechanismen zusammenspielen. Einer dieser Mechanismen ist der Täuschungseffekt der Retrospektive. Kurz gefasst beinhaltet er, dass man bereits vorgefallene Ereignisse als vergleichsweise wahrscheinlich und vorhersehbar ansieht, auch dann, wenn sie objektiv zufallsgesteuert eintreten oder extrem unwahrscheinlich sind. Ein Vergewaltigungsopfer hätte also nach dieser Logik mit der Vergewaltigung rechnen und vorsichtiger sein müssen, z.B. keinen so kurzen Rock tragen dürfen oder nicht gerade diesen Weg nehmen sollen. Wer sich dieser Täuschung überlässt, erzielt einen beträchtlichen Gewinn, denn wenn das Ereignis vorhersehbar war, ist es auch kontrollierbar. Folglich kann man sich sicher und überlegen fühlen, wenn man sich "vorsieht" und nicht so "unvorsichtig handelt" wie das Opfer. Dies ist natürlich nur eine illusionäre Sicherheit, denn traumatische Ereignisse sind in der Regel für die Betroffenen keineswegs vorhersehbar und meist extrem unwahrscheinlich.

Aufgrund der großen Anzahl von Widerständen und Abwehrstrategien, die natürlich auch bei professionellen Helfern auftreten, erscheint es hilfreich, Verhaltensrichtlinien für die Traumatherapie aufzustellen. J. P. Wilson[57] hat 1989 einige Regeln und Thesen formuliert, die auf einem breiten Konsens unter Traumatherapeuten und -forschern gestoßen sind. Einige der wichtigsten sind:

[57] Vgl. Wilson, J.P. (1989) „Trauma, transformation and healing."

- Nicht-beurteilende Akzeptierung des Opfers
- Sofortige Intervention und die Beschaffung von Hilfe
- Erwartung massiver Gegenübertragungsreaktionen
- Bereitschaft, sich testen zu lassen
- Ausgehen von der Hypothese, dass psychotraumatische Belastungssymptome durch das aktuelle traumatische Ereignis hervorgerufen werden
- Information über die Natur und die Dynamik von traumatischen Reaktionen sollte ein Bestandteil der Traumatherapie sein
- Traumatische Ereignisse können zu Veränderungen der Ich- und Identitätsentwicklung führen
- Verwerfung, Spaltung und Formen von Dissoziation gehören zu den Abwehrmechanismen, die einem psychischen Trauma folgen
- Selbstbehandlungsversuche durch Alkohol oder Drogen sind bei PTBS weit verbreitet
- Soziales Engagement und Sprechen über das Trauma fördern den Erholungsprozess
- Die Transformation des Traumas ist ein lebenslanger Prozess

Obwohl ein genauer Zeitplan für eine dauerhafte Heilung einer seelischen Verletzung nicht festgelegt werden kann, gilt für die Behandlung eines Psychotraumas folgende Grundregel: Je früher nach dem traumatischen Vorfall in Angriff genommen, desto kürzer dauert sie in der Regel an. Sofortige Intervention und die Beschaffung von Hilfe unterstützt den Erholungsprozess. Bestehen wesentliche Symptome der PTBS über vier Wochen hinaus fort oder treten mit kurzen Unterbrechungen immer wieder auf, dann ist der natürliche Selbstheilungsprozess möglicherweise gestört. Ein wichtiger Bestandteil dieses Therapiekonzeptes ist die Klärung der therapeutischen Beziehung zwischen dem Hilfesuchenden Betroffenen und dem Psychotherapeuten. *"Traumapatienten sind zunächst extrem misstrauisch und davon überzeugt, dass niemand, der nicht die gleiche Erfahrung gemacht hat, sie verstehen könne. Sie weisen das Angebot des Therapeuten auf Teilnahme, Empathie und Verständnis zurück."*[58] Folge sind nicht selten Beziehungstests, Übertragungs- und Gegenübertragungsreaktionen, die letztlich als Selbstschutz vor einer erneuten Traumatisierung durch einen ungeeigneten Therapeuten dienen.

Neben dem Wissen über Widerstand, unbewusste Dynamiken und deren Zusammenhänge mit der aktuellen Lebensgeschichte sollte ein gut ausgebildeter Psychotherapeut auch über die Fähigkeit zum kontrollierten Umgang mit Übertragung sowie Gegenübertragungsreaktionen verfügen. *"Diese Kenntnisse müssen jedoch in die Traumatherapie so eingebracht werden, dass sie sich unmittelbar auf traumatische Situationen und Reaktionen beziehen und den Verarbeitungsprozess fördern."*[59]

Im Folgenden möchte ich aufgrund der Relevanz für mein Thema auf verschiedene Akut- und Traumatherapien eingehen und diese erläutern.

---

[58] Vgl. Fischer, G., Riedesser, P. (2003) „Lehrbuch der Psychotraumatologie“ S. 212
[59] Vgl. Fischer, G., Riedesser, P. (2003) „Lehrbuch der Psychotraumatologie“ S. 211

4.2 CISM (Critical Incident Stress Management)

Der Ausdruck "Critical Incident Stress" (Übersetzt: *Stress aufgrund eines kritischen Ereignisses*) wurde von Jeffrey T. Mitchell in den frühen 80er Jahren in den USA geprägt. Mitchell ist Professor für Notfallmedizin in Maryland (USA), selbst Rettungsassistent und hat zusätzlich Erfahrungen aus der Berufsfeuerwehr.

Kritische Ereignisse sind Situationen, die beim Betrachter (hier: Rettungsdienstpersonal) starke emotionale Reaktionen auslösen, also Geschehnisse, die über das „Übliche" im Berufsalltag hinausgehen. Die Maßnahmen der Intervention in dieser Krise stützen sich auf drei Grundsätze: Unverzüglichkeit, Nähe und Erwartung. Unter Krisenintervention ist dabei die rasch einsetzende emotionale „Erste Hilfe" zu verstehen um den psychischen Zustand des Betroffenen zu stabilisieren und um akute Symptome von Stressbelastung zu reduzieren. Der Betroffene wird unterstützt, zu einem Zustand angemessener Situationsanpassung zurückzukehren.

Der Ausdruck „Critical Incident Stress Management" (CISM) umfasst ein ganzes Spektrum an Maßnahmen, die darauf abzielen, negative Auswirkungen hoher und häufiger Stresserfahrungen des Personals im Rettungsdienst vorzubeugen und zu reduzieren. Ein Hauptbestandteil des CISM ist das „Debriefing" oder CISD welches ich im Abschnitt 4.3 gesondert erläutern möchte. Die Hauptziele des CISM sind:

- Primärprävention (Identifizierung und Verringerung von vorhandenen pathogenen Stressoren)

- Sekundärprävention (Identifizierung und Verringerung von akuten Stressbelastungen)
- Tertiärprävention (nachfolgende psychologische Behandlung und ggf. Rehabilitation)

Die Sinnhaftigkeit präventiver Überlegungen wird gestützt durch Beobachtungen bei traumatisierten Personen, die spontan individuelle Kompensationsstrategien zum Schutze vor Überflutung und zur Wiederherstellung der Kontrollfähigkeit entwickeln. Fischer[60] hat diese Beobachtungen im „Traumakompensatorischen Schema" zusammengefasst und theoretisch begründet. Einseitige Kompensationsstrategien bringen die Gefahr einer krankhaften Scheinbewältigung mit sich. Scheinbare Nichtbetroffenheit kann beispielsweise durch eine traumareaktive dissoziative Wahrnehmungsverzerrung entstehen, die in der Akutsituation eine fälschlicher Weise geringe Belastung anzeigt. Bei rezidivierender oder anhaltender Belastung können die affektiven und kognitiven Dissoziationstendenzen verstärkt werden. Dies kann im Sinne eines Teufelskreises bewirken, dass der Bedarf einer adäquaten traumareaktiven Entlastung nicht wahrgenommen wird und die Spirale einer kumulativen Traumatisierung in Gang gesetzt wird.

Das CISM-Programm wird normaler Weise von sogenannten CISM-Teams durchgeführt. Ein CISM-Team besteht aus einem Leiter (z.B. psychosoziale Fachkraft), einem Co-Leiter (z.B. Assistent, psychologischer Experte) und idealer Weise je einem älteren und einem jüngeren Kollegen – einem sogenannten „Peer" aus dem Rettungsdienst.

60 Vgl. Fischer, G., Riedesser, P. (2003) „Lehrbuch der Psychotraumatologie"

„Peers“[61] sind hier Personen in Einsatzorganisationen, die Einsatzkräften helfen, psychisch belastende Einsätze zu bewältigen. Ein „Peer“ verfügt immer über entsprechende Einsatzerfahrung, ist anerkannt und hat durch die gleiche Basis wie der Betroffene einen besseren Zugang zu ihm. Ein externer Therapeut oder Psychologe kann somit kein „Peer“ sein. Die Mitglieder solcher Teams müssen in den Begriffen und Grundsätzen des durch kritische Ereignisse verursachten Stresses ausgebildet sein. Auf die einzelnen Bestandteile des CISM möchte ich im Folgenden gern näher eingehen:

- Vorbereitung
- Demobilisierung
- Defusing
- CISD oder Debriefing
- Familienunterstützung
- Nachsorge

Die Vorbereitung auf kritische Ereignisse ist für das Rettungsdienstpersonal von großer Bedeutung. Die Bewältigung von Stress beginnt mit dem Verstehen der Mechanismen, dem Erkennen potenzieller Stressfaktoren und dem Kennenlernen sowie Verstehen eigener Reaktionen auf belastende Ereignisse. Die Demobilisierung bietet einen Übergang zwischen dem kritischen Ereignis und dem Einsatzende. Hier wird versucht, das Ereignis aus einer anderen Perspektive zu betrachten sowie die eigene Stressreaktion zu verstehen und einzuordnen. Sie bietet eine kurze Erholungspause vor dem erneuten

[61] englisch: gleichrangig

Einsatz. Der Betroffene erhält hier zudem Informationen über mögliche Verarbeitungsstrategien.

Die Entschärfung, das sogenannte „Defusing", findet als kurze Gruppenbesprechung nur wenige Stunden nach dem kritischen Ereignis statt. Unter der Leitung des CISM-Teams bietet es sofortige Unterstützung, die Gelegenheit das Erlebte zum Ausdruck zu bringen und fördert eine Normalisierung der Stressreaktionen.

Das Debriefing ist die differenzierteste, intensivste und mit bis zu 4 Stunden längste aller Interventionsbestandteile des CISM. Es wird als Methode oftmals alleine angewendet. Entsprechend möchte ich es in Abschnitt 4.3 gesondert darstellen.

Da im Idealfall die Familie dem Betroffenen die nötige Unterstützung bietet, wird sie ebenso involviert. Wenn nahe stehende Personen die Risiken und den Einfluss des Berufs ihres Familienangehörigen verstehen, sowie die Anzeichen von Stressreaktionen erkennen, können frühzeitig Maßnahmen zur Bewältigung unternommen werden. Die Nachsorge ist ein weiteres sehr wichtiges Element von CISM. Sie ist notwendig, um dem Betroffenen zu zeigen, dass man sich wirklich um ihn sorgt und ihn bzw. seine Probleme ernst nimmt. Ziel ist, durch eine weitere Begleitung zusätzliche Stabilität zu erreichen.

Selten werden alle CISM Elemente von den Teams angeboten. Oft werden einzelne Teile davon ausgewählt, wobei Demobilisierung, Defusing und Debriefing häufig kombiniert werden. Die entsprechende Auswahl hängt immer von der spezifischen Situation ab und kann vom

CISM-Leiter am besten beurteilt werden. Je größer das Ausmaß des kritischen Ereignisses ist, desto mehr CISM-Maßnahmen sollten durchgeführt werden. Beispielsweise könnte bei einem schweren Verkehrsunfall u.U. ein Defusing und anschließendes Debriefing ausreichen. Bei Großschadensereignissen sind sicherlich mehr Maßnahmen des CISM erforderlich.

4.3 CISD (Critical Incident Stress Debriefing)

Das Debriefing ist die anspruchsvollste, intensivste und längste aller Interventionsbestandteile des CISM. Die Mitglieder des CISD-Teams, sind dem des CISM-Teams identisch. Die Hauptziele der CISD-Methode bestehen darin, traumatische Stressreaktionen zu verhindern oder aufzufangen, die Erholung nach Unglücksereignissen zu beschleunigen und die Gesundheit und das Wohlbefinden der Betroffenen zu fördern und zu erhalten. Das Debriefing wird innerhalb von 24-72 Stunden nach dem kritischen Ereignis in Gruppen von 4-30 Teilnehmern durchgeführt.

Hier ein Überblick über die sieben Stufen / Phasen des Debriefings:

1.) Einleitungsphase: Das CISD-Team stellt sich vor. Danach werden Struktur, Ziele und Grundregeln der Nachsorgemethode erläutert. Grundregeln sind beispielsweise, dass niemand gezwungen wird etwas zu sagen und dass die besprochenen Themen nicht an dritte weitergegeben werden. Eine vertrauensvolle Atmosphäre nicht wertender Akzeptanz, gegenseitiger Unterstützung und Zuversicht gelten als erstrebenswert.

2.) Faktenphase (kognitive Ebene): Alle teilnehmenden Notfallhelfern werden gebeten, eine dreiteilige Frage zu beantworten: *„Wie heißen Sie, welche Aufgabe hatten Sie bei diesem Einsatz, was ist aus ihrer Sicht passiert?“* In dieser Runde soll nicht nachgefragt, sondern nur aufgenommen werden was die Teilnehmer spontan berichten.

3.) Gedankenphase (Rückbesinnung): Die ersten und eindrücklichsten Gedanken und Erfahrungen während des Einsatzes werden wiedergegeben. Der Leiter stellt hier die Frage: *„Welche Gedanken gehen ihnen im Rückblick auf das Ereignis durch den Kopf?“* In dieser Phase wird eine persönliche, emotionale Bewertung des Geschehens eingeleitet. Das Berichtete wird nicht kommentiert.

4.) Reaktionsphase: Dieses Mal stellt der Leiter nicht jedem Teilnehmer persönlich die Frage, sondern sie wird frei an die Runde gerichtet: *„Was war für Sie der schlimmste Teil dieses Ereignisses?“* Diese Phase ist gekennzeichnet durch eine intensive Auseinandersetzung mit den eigenen Gefühlen von Hilflosigkeit, nicht wahrgenommener Verantwortung, Scham und Schuld, die während des Ereignisses ggf. erlebt wurden.

5.) Symptomphase: Hier wird die Frage gestellt, welche körperlichen oder psychischen Veränderungen die Teilnehmer in der Folge bei sich festgestellt haben. Typische Stress-Symptome stehen im Mittelpunkt der Betrachtung. Zudem wird ein Übergang von der emotionalen zurück auf eine kognitive Ebene vollzogen.

6.) Lehr- / Informationsphase: mit dem vorangestellten Hinweis, dass Reaktionen auf Stress nichts Ungewöhnliches sind, werden hier Stressbewältigungstechniken vorgestellt. Hinweise auf Quellen weiterer Hilfe schließen sich an.

7.) Rückkehrphase (Abschluss): In der letzten Phase wird der Prozess und die Sitzung zusammengefasst. Stressreaktionen können sich über die Zeit verändern oder neue können auftreten. Somit ist es wichtig Nachsorge anzubieten: Ggf. weitere Aktivitäten / Sitzungen werden geplant, telefonischer Kontakt wird verabredet, Besuche von Teammitgliedern bei Teilnehmern werden angeboten.

Das Modell ist erfolgreich und entwickelt sich zu einer der am häufigsten angewandten Kriseninterventionstechniken für Notfall- und Rettungspersonal. *„Die weite Verbreitung und große Akzeptanz der Debriefings zeigen, dass ein hoher Bedarf an psychologischer Nachbetreuung nach kritischen Ereignissen besteht.“*[62] Als wesentliches Element wird die Begleitung durch „Peers“ erachtet. Debriefing als Nachsorgemethode rückte in Deutschland erstmals nach dem Zugunglück in Eschede im Jahr 1998 in den Mittelpunkt des öffentlichen Interesses. Dort nahm fast jeder Dritte der dort eingesetzten ca. 1200 Notfallhelfern diese Art der Erstbetreuung in Anspruch. *„Über 360 Helfer haben bis jetzt an den "Debriefings", teilgenommen. Hinzu kamen viele Einzelgespräche, Beratungen und Vermittlungen.“*[63] Die in Eschede aktiven „Debriefer“ wurden sofort akzeptiert, da sie in der Mehrzahl aus den eigenen Rei-

---

[62] Vgl. Appel-Schumacher, T., et.al. (2004) „Stressmanagement nach traumatischen Ereignissen“ S. 110

[63] Vgl. http://www.notfallseelsorge.de/Besondere%20Einsaetze/eschdrkzusfas.pdf (Abruf 27.04.2008)

hen kamen oder vorher bekannt waren. *"Die Einsatzkräfte brauchten sich und ihre Arbeit nicht zu erklären, es konnte sehr schnell eine Vertrauensbasis entstehen, Vorbehalte gegenüber psychologischen Betreuungsangeboten ließen sich so überbrücken."*[64]

Die Methode wird allerdings in Fachkreisen auch kritisch betrachtet. Der Psychotraumatologe G. Fischer beispielsweise kritisiert, dass in der Einwirkphase die normalen Symptome von komplizierten Verläufen für die Laienhelfer nur schwer zu unterscheiden sind. *„Bei verstärktem Auftreten dissoziativer Symptome wie Depersonalisierung, Realitätsverleugnung, psychotischer Fragmentierung mit Wahnbildung oder anhaltender Depression sollten psychosoziale Spezialisten in der Nachbetreuung einbezogen werden."*[65] Er führt diese Tatsache darauf zurück, dass in Kotrollstudien des Debriefings widersprüchliche bzw. negative Ergebnisse festgestellt wurden. *„Für die Praxis liegt hier die Schlussfolgerung nahe, dass Krisenintervention und Debriefings unter der Leitung von Traumatherapeuten oder zumindest in enger Kooperation mit ihnen durchgeführt werden sollten."*[66] Andere weisen darauf hin, dass es schwer ist CISD abschließend zu beurteilen. Es kann zum einen nicht isoliert evaluiert werden, da es als ein Teil der CISM-Methode nicht alleine steht bzw. stehen sollte. *„Zum anderen gibt es verschiedene Konzepte des „Psychologischen Debriefings (PD)", die in Studien sehr unterschiedlich definiert werden (...)"*[67] Die wichtigen Angaben zur Qualifikation der „Debriefer" fehlen oftmals ebenso wie die Berücksichtigung ggf. vorhandener Vorbelastungen und Risikofaktoren

---

[64] Vgl. Helmrichs, et.al. (1999) „Nachsorge für Einsatzkräfte beim ICE-Unglück in Eschede" S. 43

[65] Vgl. Fischer, G., Riedesser, P. (2003) „Lehrbuch der Psychotraumatologie" S. 202

[66] Vgl. Fischer, G., Riedesser, P. (2003) „Lehrbuch der Psychotraumatologie" S. 202

[67] Vgl. Bengel, Jürgen (2004) „Psychologie in Notfallmedizin und Rettungsdienst" S. 109

der Betroffenen. Positiv bewertet wird das Debriefing in seiner Funktion als Einsatznachbesprechung oder Einsatzabschluss. *„Solange kein alternatives, evaluiertes Programm zur Verfügung steht, das dem CISD in Effektivität überlegen ist, stellen diese Debriefings eine ökonomische und ethisch gerechtfertigte Kurzzeitintervention dar.“*[68]

4.4 EMDR (Augenbewegungstherapie)

Bei „Eye Movement Desensitization and Reprocessing“ (EMDR) handelt es sich um eine von Francine Shapiro Ende der 80er Jahre eher zufällig entwickelten Möglichkeit zur Intervention und Behandlung traumatischer Störungen. Diese standardisierte Methode sorgte vor allem wegen ihrer offensichtlich großen Wirkung verbunden mit etlichen Erfolgsmeldungen für eine Menge Furore in Fachkreisen. EMDR verbindet Erfolg versprechende Elemente unterschiedlicher therapeutischer Verfahren miteinander, darunter neben psychodynamisch-behavioralen auch Anteile der analytischen Langzeittherapie von Sigmund Freud. Nach Shapiro sollen bei der Behandlung posttraumatischer Störungen die verschiedenen Aspekte des Wiedererlebens durchgearbeitet werden, und zwar:

- die Erinnerung an das tatsächliche Ereignis
- intrusive Bilder und „Flashback“ Szenen, die sich von dem erinnerten Ereignis unterscheiden
- belastende Traumabilder
- gegenwärtige Erinnerungsauslöser

[68] Vgl. Appel-Schumacher, T., et.al. (2004) „Stressmanagement nach traumatischen Ereignissen“ S. 110

Die Bearbeitung traumatischer Bilder und Erinnerungen geschieht, indem der Betroffene sich diese vorstellt und gleichzeitig eine einfache Wahrnehmungsaufgabe erfüllt: er folgt mit seinen Augen der sich hin und her bewegenden Hand des Therapeuten. Dadurch kommt ein beschleunigter Bearbeitungsprozess in Gang, bei dem die belastenden Erinnerungsbilder verblassen und an deren Stelle im Idealfall neue, funktionale Sichtweisen treten. *"D.h., es kommt zu einer Desensibilisierung und kognitiven Umstrukturierung belastender Erinnerungen."*[69] Das Grundprinzip der Methode besteht darin, die Aufmerksamkeit des Betroffenen auf einen äußeren Reiz zu lenken, während er sich gleichzeitig auf den Auslöser der Belastung und die Belastungsfolgen konzentriert. Das primäre Ziel des EMDR-Ansatzes sind jedoch keine schnellen Behandlungsresultate, sondern traumatisierten Menschen nachhaltig zu helfen. Obwohl unterschiedlich reagierend, treten bei den meisten behandelten Menschen deutliche Veränderungen nach einer EMDR-Intervention auf. Neben dem wichtigsten Effekt der Auflösung einer traumatischen Erinnerung, oft in nur einer Sitzung, sind vor allem eine Verbesserung des Selbstwertgefühls und eine gestärkte Selbstachtung an Stelle von Angst, Scham oder Wut zu registrieren. *"Die schnelle Veränderung ihrer Emotionen und ihres Verhaltens in Verbindung mit dem Erkennen für die Gründe für ihre Belastungen sind Resultate, die für EMDR typisch sind."*[70]

Die genaue Wirkungsweise kann allerdings bisher nur vermutet werden: Nach einem Trauma kann es zum sogenannten „Sprachlosen Entsetzen“ kommen. Hier werden in der rechten Hirnhälfte Bilder pro-

---

[69] Vgl. Butollo, W., et.al. (1999) „Kreativität und Destruktion posttraumatischer Bewältigung“ S. 158

[70] Vgl. Shapiro, F., Silk, F.M. (1998) „EMDR in Aktion“ S. 26

zessiert, die der Betroffene vor Augen hat, während das Sprachzentrum aktiv unterdrückt wird. Er kann das Geschehene so nicht in Worte fassen, wodurch nachfolgend eine Verarbeitung des Erlebten erschwert wird. Es gibt Studien, die die Wirksamkeit von EMDR belegen und versuchen, sie genau zu ergründen. *"Die Methode scheint eine biologische Wirkung auf das menschliche Nervensystem zu haben und einen aktivierenden Einfluss auf die angeborenen psychischen Selbstheilungskräfte der Patient / Innen auszuüben."*[71] So vermutet Shapiro selbst, dass die initiierten Augenbewegungen, ähnlich wie die natürlichen im REM-Schlaf, einen Entspannungseffekt hervorrufen und einer Überreizung im Nervensystem des Gehirns (durch das Trauma entstanden) entgegen wirken.

Die 8 Therapiephasen des EMDR-Ansatzes sind:

1. Erstkontakt, Exploration, Arbeitsbündnis
2. Stabilisierung des Betroffenen
3. Erfassung des Traums und seiner Folgen
4. Desensibilisierung und Durcharbeitung
5. Verankerung der positiven Selbsteinschätzung
6. Körpertest
7. Besprechung und Abschluss der Sitzung
8. Überprüfung der Stabilität in einer nächsten Sitzung

1.) Erstkontakt, Exploration, Arbeitsbündnis: Zur Erhebung der Vorgeschichte gehört neben einem möglichst differenzierten Bild der Gesamtsituation in erster Linie die Berücksichtigung der spezifischen

---

[71] Vgl. Shapiro, F., Silk, F.M. (1998) „EMDR in Aktion" S. 46

psychotraumatischen Problematik des Betroffenen. *"Dabei geht es u.a. um den Ausschluss wesentlicher körperlicher Störungen als Ursache der Symptomatik als auch um die Erfassung aller relevanten komorbiden Störungen (ICD- / DSM-Diagnostik)."*[72] Menschen mit einer körperlich eingeschränkten Belastungsfähigkeit, z.B. Herz-Kreislaufproblemen oder Schwangeren ist ebenso von einer Therapie abzuraten wie Personen mit deutlich ausgeprägten psychiatrischen Krankheitsbildern. Der mit dem Betroffenen gemeinsam entwickelte Behandlungsplan gliedert das Vorgehen der Therapie in einzelne Schritte und formuliert konkrete Ziele.

2.) Stabilisierung des Betroffenen: Ohne eine vorhergehende Stabilisierung auf psychischer, medizinischer und sozialer Ebene ist die EMDR-Methode kaum erfolgreich zu gestalten. Eine soziale Stabilisierung des Betroffenen ist vor allem deshalb erforderlich, weil seine Fähigkeit, einen "normalen" Alltag aufrechtzuerhalten, während einer Bearbeitung traumatischer Erinnerungen beeinträchtigt sein kann. Durch die Einübung verschiedener Entspannungstechniken wie körperorientierten Verfahren und Ressourcen orientierter Techniken (z.B. Übung "Sicherer Ort") lernt der Betroffene, sich im weiteren Verlauf der Methode selbst stabil und unter Kontrolle zu halten.

3.) Erfassung des Traumas und seiner Folgen: Der Therapeut bittet den Betroffenen, den Ablauf des Ereignisses zu erzählen und seinen affektiven, visuellen und sensorischen Komponenten genau zu beschreiben. Die Auswirkung auf das Selbstbild des Betroffenen werden

---

[72] Vgl. Hoffmann, A. (1999) „EMDR in der Therapie der posttraumatischen Belastungssyndrome“ S. 28

geprüft und bewertet. Anschließend suchen Betroffener und Therapeut die aus heutiger Sicht passende und stimmige Selbstbeurteilung. Spätestens hier sollte es zu einer offenen und vertrauendwürdigen Beziehung zwischen beiden gekommen sein. *"Shapiro betont, dass EMDR nur innerhalb einer ausreichend gefestigten therapeutischen Beziehung angewendet werden darf."*[73]

4.) Desensibilisierung und Durcharbeitung: Als eigentliches Kernelement von EMDR findet hier durch die Stimulation von Augenbewegungen der eigentliche Vorgang des „Reprozessierens" statt. Während der Behandlung folgt der Betroffene den Serien von horizontalen Handbewegungen oder anderen Formen rhythmischer Stimulation (z.B. taktil oder auditiv), ohne den Kopf dabei zu bewegen. Er konfrontiert sich gleichzeitig der vorher anvisierten Erinnerung. *„Die meisten Klienten erleben eine Veränderung in den einzelnen Komponenten der Traumaerinnerung. Das Bild kann blasser oder schärfer werden, (…). Bei einem Drittel der Klienten kommt es zu emotionellen Abreaktionen, die aber aufgrund des rasch ablaufenden Prozesses weniger belastend sind."*[74] Diese bewusste Desensibilisierung wird so lange wiederholt, bis keine weiteren Veränderungen mehr auftreten. *"Diese Phase umfasst alle Reaktionen des Klienten (einschließlich aller Erinnerungen, Einsichten und Assoziationen, die während der Sitzungen bei ihm auftauchen können), während sich das als Ziel ge-*

---

[73] Vgl. Butollo, W., et.al. (1999) „Kreativität und Destruktion posttraumatischer Bewältigung" S. 159

[74] Vgl. Hausmann, C. (2003) „Handbuch Notfallpsychologie und Traumabewältigung" S. 335

wählte Ereignis verändert und seine belastenden Elemente aufgelöst werden."[75]

5.) Verankerung der positiven Selbsteinschätzung: Hier geht es darum, den Betroffenen dabei zu unterstützen, gewonnene positive Selbstbilder und Wahrnehmungen zu verstärken und diese an Stelle der ursprünglich negativen Aussage bzw. Überzeugung zu setzen. Dabei stellt sich die Frage, ob die anfangs gewählte, positive Kognition noch stimmig ist.

6.) Körpertest: Der Betroffene soll sich hier sein ursprüngliches Ziel nochmals vergegenwärtigen und schildern, ob noch ein körperlich spürbarer „Spannungsrest" im Körper verblieben ist.

7.) Besprechung und Abschluss der Sitzung: Diese Phase dient der Absicherung und Kontrolle. Kann die Verarbeitung nicht in einer Sitzung abgeschlossen werden, sollte das Auftauchen neuer Erinnerungen oder intrusiver Träume z.B. in einem Tagebuch gesammelt und in die nächste Therapiestunde eingebracht werden.

8.) Überprüfung der Stabilität in einer nächsten Sitzung: Zuvor erreichte positive Resultate und nicht mehr registrierte körperlichen Spannungen werden zu Beginn jeder neuen Sitzung überprüft.

Der „Wissenschaftliche Beirat Psychotherapie"[76] verabschiedete in der Sitzung vom 6. Juli 2006 ein Gutachten zur wissenschaftlichen Anerken-

---

[75] Vgl. Shapiro, F., Silk, F.M. (1998) „EMDR in Aktion" S. 79
[76] http://www.wbpsychotherapie.de (Abruf 03.05.2008)

nung der EMDR-Methode zur Behandlung der PTBS. Gemäß diesem Gutachten kann EMDR zur Behandlung von PTBS bei Erwachsenen als wissenschaftlich anerkannt gelten. Die Methode kann allerdings nach dem neuesten Stand der Forschung nicht ohne Einschränkung für alle traumabedingten Störungen eingesetzt werden.

4.5 MPTT (Mehrdimensionale Psychodynamische Traumatherapie)

Der Wissenschaftler G. Fischer, u.a. im Deutschen Institut für Psychotraumatologie tätig, hat mit der MPTT ein spezielles Verfahren zur Behandlung von psychotraumatischen Störungen entwickelt, das tiefenpsychologische und verhaltenstherapeutische Elemente miteinander verbindet. *"Durch die Integration behavioraler Trainingselemente in ein psychodynamisches Konzept liegt ein therapeutischer Ansatz vor, der die Möglichkeiten von psychodynamischer Therapie wie auch von traditioneller Verhaltenstherapie entscheidend erweitert."*[77]

Von diesem Ansatz profitieren Menschen mit einem hohen Risiko für langfristige psychotraumatische Störungen. Die Behandlung setzt 14 Tage bis 3 Monate nach dem belastenden Ereignis ein und besteht aus einer individuellen Akuttherapie mit in der Regel 10 bis 25 Einzelsitzungen. Die individuell ausgerichtete Therapieplanung in der MPTT orientiert sich an vier Dimensionen:

- Dem bisherigen Traumaverlauf wird entsprechend den Regeln der Akuttherapie bzw. der Therapie traumatischer Prozesse be-

[77] Vgl. Fischer, G. (2000) „Neue Wege nach dem Trauma“ S. 160

gegnet, um mittels dieser Intervention den natürlichen Selbstheilungsprozess in Gang zu halten.

- Traumatische Situationsfaktoren, aber auch spezielle Konstellationen werden ermittelt und in der Interventionsplanung berücksichtigt.
- Soziale Umwelt und individuelle Persönlichkeit des Betroffenen sollten bei der Planung miteinbezogen werden.
- Therapieverlauf: Unter Berücksichtigung der Punkte 1-3 wird ein hypothetischer Verlaufsplan erstellt.

"Ein Patient muss ausreichend stabil sein, um die Konfrontation mit der belastenden Erinnerung ertragen zu können."[78] Dazu gehört auch, den als gesund zu verstehenden Grundimpuls des traumatisierten Menschen, sich in spontanen Reaktionen selbst zu schützen, gezielt zu unterstützen und damit eine wichtige Behandlungsgrundlage zu erreichen. Eine Fixierung auf eine der natürlichen Verarbeitungsstadien, u.a. Verleugnung, Vermeidung oder Intrusion, stellt nach dem MPTT-Modell jedoch eine pathologische Entwicklung dar. Die Bearbeitung des Traumas beinhaltet zwei aufeinander abgestimmte Arbeitsziele:

1. Gezielte Interventionen, die eine Wiederaufnahme des Verarbeitungsprozesses fördern.
2. Arbeit an den Coping- und Abwehrstrategien der Persönlichkeit der Betroffenen.

[78] Vgl. Hoffmann, A. (1999) „EMDR in der Therapie posttraumatischen Belastungssyndrome". S. 27

Durch verschiedenste therapeutische Maßnahmen können Therapeuten die Verleugnungs- / Vermeidungsphase günstig beeinflussen. Dies geschieht beispielsweise durch eine Rekonstruktion des traumatischen Erlebens und einer Exploration des traumatischen Erlebens in der traumatischen Situation. *"In der Phase des intrusiven Wiedererlebens schlägt Horowitz zwölf Techniken vor, die das Ziel verfolgen, Überflutung zu verhindern und sich aufdrängende Erinnerungsbilder durchzuarbeiten."*[79] Dazu gehören u.a. eine Strukturierung von Ereignissen und Informationen, den Betroffenen bei der Differenzierung zwischen Gegenwart und Vergangenheit behilflich zu sein und die Anwendung stressreduzierenden Techniken.

Dabei werden behaviorale und kognitive Techniken nicht als fertige Modelle trainiert, die es vollkommen zu verwirklichen gilt. Die angebotenen Verhaltensmöglichkeiten sollen vielmehr dem Selbstmanagement des traumatisierten Menschen untergeordnet werden. *"Behaviorale Techniken in psychodynamisch-behavioralen Verfahren dienen dem Abbau von Hindernissen, die der spontanen Tendenz zur Erholung und Traumaverarbeitung entgegenstehen."*[80]
Durch verhaltenstherapeutische Techniken werden die Betroffenen zur eigenständigen Dekonstruktion des Traumaschemas, zur Rekonstruktion der traumatischen Erfahrung und einer Selbstkorrektur des mentalen Programms der Traumaverarbeitung angeregt. Während des "Stress-Impfungs-Trainings" lernen die Patienten, sich mittels Methoden der Stressbewältigung auf Situationen, in denen traumatische Ängste wieder auftreten können, rechtzeitig einzustellen. Im "Konfron-

[79] Vgl. Fischer, G., Riedesser, P. (2003) „Lehrbuch der Psychotraumatologie“ S. 215
[80] Vgl. Fischer, G., Riedesser, P. (2003) „Lehrbuch der Psychotraumatologie“ S. 236

tationsverfahren" werden die betroffenen Menschen schrittweise wieder an die Traumasituation herangeführt, bis die Angst abnimmt und die Person das Trauma angenommen hat, es akzeptiert hat. Dies geschieht entweder in ihrer Vorstellung oder am Katastrophenort selbst. Hier wird versucht, das Psychotrauma in das Leben zu integrieren und aus seinem abgespaltenen Zustand zu befreien. *"MPTT ist ein tiefenpsychologisches Verfahren, enthält aber auch Techniken aus der Verhaltenstherapie und der imaginativen Psychotherapie."*[81] So enthält das Therapiemanual auch genaue Anweisungen zu Übungen aus der "Psychodynamisch - Imaginativen - Traumatherapie“ (PITT), wie der "Bildschirmtechnik" oder der "Beobachter Technik", die speziell für die MPTT weiterentwickelt wurden. Die Traumaverarbeitung gilt als vollendet, wenn der Betroffene in der Lage ist, im Zusammenhang mit dem Trauma entstandene Gefühle und Erinnerungen bewusst hervorzurufen, ohne in ihnen verhaftet zu bleiben. Selbst wenn ein traumatisches Ereignis erfolgreich bearbeitet wurde, ist die Phase der Stabilisierung und der Reintegration in das Lebensumfeld der Menschen notwendig. So kann ein Psychotrauma auch Folgen hinterlassen, die nicht heilbar sind.

Das Eingehen auf die einzelnen Therapieformen beim Psychotrauma ist erforderlich, um im weiteren Verlauf dieser Studie die möglichen Handlungsfelder sozialarbeiterischer Intervention herausarbeiten zu können. In Abschnitt 6 soll deutlich werden, womit ein ausgebildeter Sozialarbeiter innerhalb eines interdisziplinären Teams professionell zum Behandlungserfolg bei traumatisierten Betroffenen beitragen kann.

---

[81] Vgl. Fischer, G. (2000) „Neue Wege nach dem Trauma“ S. 139

5. „Hilfe für die Helfer" – aktuelle Standards im Rettungsdienst

Bis heute gibt es in Deutschland keine einheitlichen Standards für die psychosoziale Notfallversorgung (PSNV) der Bevölkerung und der Einsatzkräfte. Es fehlt sowohl an Struktur als auch an flächendeckender Versorgung. In den meisten Bundesländern existiert wie im Bund auch generell keine Vernetzung der existierenden Systeme der PSNV. Zusätzlich gibt es regionale Unterschiede bezüglich der Einsatzindikationen[82].

Offensichtlich wurde in jüngster Vergangenheit die Notwendigkeit für Änderungen diesbezüglich erkannt und im Jahr 2002 eine Studie für ein Netzwerk-Projekt vom Bundesamt für Bevölkerungsschutz und Katastrophenhilfe in Auftrag gegeben. Diese wurde im Jahr 2006 fertig gestellt[83]: Die von der Ständigen Konferenz der Innenminister und Senatoren der Länder im Juni 2002 verabschiedete „Neue Strategie zum Schutz der Bevölkerung in Deutschland" (Bundesverwaltungsamt, Zentralstelle für Zivilschutz, 2003) sieht im Kern ein zentrales Krisenmanagement und eine gemeinsame Verantwortung von Bund und Ländern für außergewöhnliche, großflächige und national bedeutsame Katastrophen vor. Die Zusammenarbeit der einzelnen Hilfsorganisationen und Institute soll verbessert und mit mehr Ressourcen ausgestattet werden. Im Rahmen der neuen Bevölkerungsschutzstrategie wird die psychosoziale Einsatzvorbereitung, -begleitung und -nachsorge für Einsatzkräfte als notwendiger und integraler Bestandteil angesehen. Als Ziel des Netzwerk-Projekts wurde die Erarbeitung eines wissenschaftlich fundierten

---

[82] Def. Indikation beschreibt den Grund oder Anlass für eine medizinische Maßnahme
[83] Vgl. Beerlage, I. et.al. (2006) „Entwicklung von Standards und Empfehlungen für ein Netzwerk zur bundesweiten Strukturierung..."

Fach- und Organisationskonzeptes zur strukturellen Einbindung der psychosozialen Notfallversorgung für Einsatzkräfte definiert.

Das Ergebnis dieser Studie lässt leider Fragen nach der Qualifikation der psychosozialen Fachkräfte offen. Nicht nur für die soziale Arbeit, sondern auch für andere Professionen wäre interessant, welche Qualifikation an welcher Stelle erforderlich oder wünschenswert ist. Christop Kröger, Beauftragter für Notfallpsychotherapie der Psychotherapeutenkammer Niedersachsen zu psychologischen Frühinterventionen nach Großschadensereignissen, beschreibt das Problem anhand der Berufsgruppe der Psychotherapeuten. Dies ist meiner Auffassung nach auch auf die soziale Arbeit übertragbar: *„Zwar grenzen die Empfehlungen für ein Netzwerk der PSNV die Handlungslogiken verschiedener Berufsgruppen ab, behandeln aber die praktischen Kompetenzen etablierter Helfer denen heilkundlich tätiger Psychotherapeuten gleichrangig. (...) Welche Stellung soll der heilkundlich tätige Psychotherapeut in der psychosozialen „Rettungskette" übernehmen? Es besteht gegenwärtig die Gefahr, dass der Status quo festgeschrieben und die Expertise einer Berufsgruppe letztlich kaum genutzt wird. Umgekehrt müssen sich Psychotherapeuten in der hierarchischen Struktur des Rettungs- und Katastrophenwesens unter- und in die etablierten PSU-Kräfte[84] einordnen. Dies kann nur mit ausreichender organisatorischer Kenntnis sowie annehmbarer Feld und Methodenkompetenz gelingen, die zu Recht bei einer zukünftigen Akkreditierung zu einer PSU-Kraft gefordert werden wird."*[85]

---

[84] „PSU" wird in Abschnitt 5.3 näher erläutert

[85] Vgl. Kröger, C. (2006) „Ein Konzept zur psychosozialen Notfallversorgung – ein Diskussionsbeitrag" S. 114

Um Defizite und Möglichkeiten aufzudecken, aber auch um mögliche sozialarbeiterische Interventionsmöglichkeiten abzuleiten, möchte ich trotz eines noch fehlenden einheitlichen Standards in den folgenden Abschnitten 5.1 bis 5.4 kurz die unterschiedlichen, in Deutschland bereits existierenden Systeme erläutern, die Einsatzkräften im Rettungsdienst und Feuerwehr gegenwärtig zur Verfügung stehen. Parallel werde ich einige Experten zu Wort kommen lassen, die ich im Rahmen der Erstellung dieses Buches persönlich befragt habe und nun zunächst kurz vorstellen möchte. Es wurde mir von allen ausdrücklich gestattet, sie zu zitieren:

- Herr Reiprich-Meurer ist evangelischer Pfarrer und Seelsorger in Feuerwehr und Rettungsdienst sowie kirchlicher Beauftragter des evangelischen Kirchenverbandes Köln und Region, Fachberater Seelsorge für die Berufsfeuerwehr und freiwillige Feuerwehr Köln und Koordinator Notfallseelsorge.
- Herr Zehentner ist Leiter des Krisen Interventions Teams – KIT in München. Er ist ausgebildeter Rettungsassistent, Diplom-Sozialarbeiter, Supervisor und Dozent an der Walnerschule für Rettungsassistenten in München.
- Frau Fögeling ist bei der Berufsfeuerwehr Köln angestellt. Sie übt ihre Stelle zu 50% als soziale Ansprechpartnerin und zu 50% als Personalentwicklerin aus. Sie ist ausgebildete Diplom-Sozialarbeiterin, Mediatorin und hat eine Zusatzqualifikation als Familientherapeutin.
- Herr Mallmann-Kallenberg ist Leiter des PSU-Teams der Berufsfeuerwehr Düsseldorf. Er ist ausgebildeter Diplom-Sozialarbeiter, Supervisor, Gestalttherapeut und hat von 1972 bis 1982 als Poli-

zeibeamter gearbeitet. Das PSU-Team nennt sich in Düsseldorf „OPEN-Team". „OPEN" steht für Organisierte Personalunterstützung für Extremeinsätze und Nachsorge. Die Arbeitsweise ist identisch mit der von PSU.

5.1 Notfallseelsorge

Notfallseelsorge ist psychosoziale und seelsorgerische Krisenintervention. Anders als etwa die Telefonseelsorge gehen die Notfallseelsorger direkt zum Ort des Geschehens. Die Alarmierung der Notfallseelsorger erfolgt zumeist über Rettungsdienste, Polizei oder Feuerwehr. Notfallseelsorger sind Geistliche und speziell ausgebildet für den Umgang mit Trauernden oder psychisch belasteten Menschen. Grundlage der Notfallseelsorge ist das christliche Welt- und Menschenbild. Die Konferenz der evangelischen Notfallseelsorger hat Richtlinien für die Fortbildung und Zertifizierung von Notfallseelsorgern beschlossen. Nach diesen Richtlinien ist die Voraussetzung für eine Mitarbeit in der Notfallseelsorge eine kirchlich anerkannte Seelsorgeausbildung. Auf dieser Grundlage bauen dann verschiedene Lehrgänge und Praktika auf, die schließlich zu einer Zertifizierung als Notfallseelsorger bzw. als Leitender Notfallseelsorger führen können. Die Lehrgänge und Praktika können in Wochenseminaren oder auch in kürzeren Fortbildungsveranstaltungen durchgeführt werden. Sinn dieser Richtlinie ist es, die Fortbildung innerhalb der Notfallseelsorge zu vereinheitlichen, den Leistungsstand transparent zu machen und die Arbeit der Notfallseelsorge auf einem einheitlichen hohen Niveau zu festigen. Die Arbeitsgemeinschaft Seelsorge in Feuerwehr und Rettungsdienst (AGS) hat ein eigenes Fortbildungskonzept entworfen, das vier einwöchige Kurse zur Ausbildung vorsieht. Es gibt aber bislang keine einheitlichen Standards.

Einrichtungen der Notfallseelsorge existieren in praktisch allen evangelischen und katholischen Kirchen in Deutschland. Sie wird meist ehrenamtlich neben dem eigentlichen Dienstauftrag von hauptamtlichen Seelsorgern durchgeführt. Im Bereich der Polizei gibt es schon seit vielen Jahren die feste Institution der Polizeiseelsorger, mit denen belastende Einsätze besprochen werden können. Im Allgemeinen gibt es drei Aufgabenbereiche bzw. Zielgruppen für die Notfallseelsorger: die Opfer, die Angehörigen und Einsatzkräfte. Als typische Einsatzsituationen nennt Hanjo von Wietersheim, Beauftragter für Notfallseelsorge in der Ev.-luth. Kirche in Bayern[86]:

- Betreuung der Angehörigen während / nach einer Reanimation
- Betreuung der Angehörigen nach einem plötzlichen Kindstod
- Betreuung der Angehörigen nach einem Suizid bzw. Suizidversuch
- Überbringung der Todesnachricht zusammen mit anderen Einsatzkräften
- Betreuung der Geschädigten während / nach Wohnhausbrand
- Betreuung von Personengruppen bei einer Evakuierung
- Mitarbeit bei Großschadenslagen
- Gespräche mit Einsatzkräften nach besonders belastenden Einsätzen

---

[86] Vgl. Müller-Cryan et.al. In: http://www.notfallseelsorge.de/infobl.htm. „Infoblatt für Einsatzkräfte“ (Abruf: 28.04.2007).

Auf die Frage, bei welchen Belangen die Unterstützung als Seelsorger am häufigsten in Anspruch genommen wird, entgegnete Herr Reiprich-Meurer: *„Die psychische Begleitung im konkreten Einsatz[87] ist in meinem Alltag deutlich seltener als die Hilfe bei anderen Problemen. Die Nachsorge tritt in den Hintergrund und die Hilfe bei persönlichen Belangen wie z.B. bei Eheprobleme, Schwierigkeiten mit der Arbeitsstruktur, Sucht- und / oder finanzielle Probleme ist den Feuerwehrleuten deutlich wichtiger."* Ergänzend bemerkte er dann aber auch, dass ein intaktes Privatleben ohne gravierende Probleme wiederum oftmals gestärkte Ressourcen mit sich bringt. Diese würde dann zum einen einer eventuellen Stressreaktion im Einsatzgeschehen entgegenwirken (Vgl. Abschnitt 3.3), aber auch die kollegiale Zusammenarbeit würde dadurch erleichtert, da die Wahrscheinlichkeit für Konflikte abnimmt.

Frau Fögeling, die ihre Aufgabe weniger für die konkrete Einsatznachsorge der Feuerwehrleute wahrnimmt, sondern mehr allgemeiner sozialer Ansprechpartner ist, berichtete von Akzeptanzproblemen: *„Man könnte meinen, dass Feuerwehrleute verschlossener sind als andere Menschen und Probleme gewohnt sind unter sich auszumachen. Ich werde beispielsweise als Mediatorin bei Konflikten zwischen einem Feuerwehrmann und seinem Vorgesetzen sehr selten gerufen. Und wenn ich mich anbiete, wird der Sinn meiner Aufgabe stark in Frage gestellt."*

5.2 KIT – Kriseninterventionsteams

Eine andere Möglichkeit der Begleitung und Nachsorge von Einsätzen besteht darin, Mitarbeiter von Kriseninterventionsteams anzufordern. Als

[87] Einsatz i.S. von Rettungs- oder Feuerwehreinsatz

Beispiel sei hier das KIT (Kriseninterventionsteam) München genannt, das seit 1994 besteht und aus Mitarbeitern der Hilfsorganisationen (ASB, DRK, JUH und MHD) und der Feuerwehr gebildet wird. Federführend ist der ASB. *"Die Aufgabe der Krisenintervention im Rettungsdienst liegt in der Betreuung von psychisch traumatisierten Menschen. Die Betreuung hat die Vorbeugung der posttraumatischen Belastungsstörung und der pathologischen Trauerreaktion zum Ziel"*[88]

Die Voraussetzung für die Mitarbeit im KIT ist eine mindestens fünfjährige Erfahrung im Rettungsdienst und eine abgeschlossene Ausbildung als Rettungssanitäter oder Rettungsassistent. Das Eintrittsalter sollte über 25 Jahren liegen. Nach einem Auswahlgespräch, bei dem unter anderem auf die zu erwartenden Anforderungen und Belastungen des KIT-Einsatzes eingegangen wird, folgt eine mindestens 80-stündige Ausbildung in Psychotraumatologie, Grundlagen der Kommunikation und Gesprächführung, sowie Instruktionen über organisatorische Fragen. Praxisrelevante Kompetenzen werden in Rollenspielen eingeübt. Im Anschluss an den Seminarteil der Ausbildung folgt die Integration in das Team durch Besuch der Supervision sowie Hospitationen bei erfahrenen KIT-Mitarbeitern im Einsatz. Im weiteren Verlauf erfolgt parallel zum Dienst eine kontinuierliche Fort- und Weiterbildung. Die Mitarbeiter von KIT verfügen nicht über eine psychotherapeutische Ausbildung. Sie wäre nach Auffassung von KIT die Voraussetzung für eine mittel- oder längerfristige Begleitung von Trauernden oder psychisch schwer traumatisierten Menschen. *„Daher stehen wir nicht für Kontakte über die*

---

[88] Vgl. Bengel, J. (2004) „Psychologie in Notfallmedizin und Rettungsdienst" S. 61

erste Krisenintervention hinaus zur Verfügung, sondern verweisen an entsprechende Einrichtungen im psychosozialen Bereich.“[89]

Das KIT versteht sich somit als Sonderdienst innerhalb der Rettungsdienste. Die psychischen Belastungen für die KIT-Mitarbeiter werden als sehr hoch eingestuft und deshalb findet eine regelmäßige Supervison statt. Die Teilnahme daran ist Voraussetzung für den Dienst. Herrn Zehentner vom KIT-Büro in München: *„KIT versteht sich eigentlich als System für betroffene Patienten und weniger für Einsatzkräfte. Es gibt in Deutschland allerdings einige KIT-Teams, die sich auch um die Einsatzkräfte kümmern.“*

5.3 SBE – Teams

SBE steht für Stressbearbeitung nach belastenden Ereignissen. Die Methoden, nach denen in SBE-Teams gearbeitet wird, entsprechen dem im bereits in Abschnitt 4 vorgestellten Critical Incident Stress Management (CISM). In Deutschland ist in Witten die Bundesvereinigung SBE e.V.[90] ansässig. Es existiert eine bundesweite Alarmierungsnummer für Rettungskräfte (0130/184212). Die Teams bestehen aus erfahrenen Rettungsdienstlern, Feuerwehrleuten, Psychologen und Seelsorgern. Für die Aus- und Fortbildung gibt es internationale Standards.

SBE versteht sich als ein zusammenhängendes System von Interventionen, die ungünstige psychologische Reaktionen bei Einsatz- und

[89] Vgl. Christina Kern et.al. http://www.krisenintervention-muenchen.de/ (Abruf 02.05.2008)
[90] http://www.sbe-ev.de

Sicherheitskräften verhindern und / oder lindern sollen. Als Ziele nennt Joachim Müller-Lange[91] in Anlehnung an CISM:

- Vorbeugung vor traumatischem Stress
- Linderung von traumatischem Stress
- Erholung von traumatischem Stress durch schnelle Intervention
- Beschleunigung der Erholung nach traumatischen Ereignissen
- Erhaltung von Gesundheit und Wohlbefinden der Einsatzkräfte

Aus dem vielfältigen Angebot sind vor allem das SBE-Einzelgespräch und die SBE Nachbesprechungen (Debriefing) und Kurzbesprechungen (Defusing) jeweils in Gruppen zu nennen. Sie werden von SBE-Teams durchgeführt und sollen dem Entstehen der PTSD so weit wie möglich vorbeugen. SBE-Teams bestehen aus einem Vertreter der „psychosozialen Fachleute“ und zwei oder drei als „Peer“ ausgebildeten Einsatzkräften. Das SBE-Team lässt sich beschreiben als eine Partnerschaft zwischen psychosozialen Fachleuten und „Peers“ (Einsatzkräften) mit einer Ausbildung, die sie befähigt, bei Stressreaktionen intervenieren zu können. In besonderen Seminaren werden die grundlegenden Techniken der Stressbearbeitung erlernt. Von ersteren wird, analog zu den so genannten „Mental Health Professionals“ (MHPs) aus den USA, eine akademische Ausbildung im psychosozialen Bereich, sowie Fortbildung in Gesprächsführung verlangt. Zudem sind Feldkenntnisse aus Feuerwehr und Rettungsdienst erforderlich.[92] Der Psychologie C. Hausmann sieht hier eine Gefahr die in der Übersetzung der Begrifflichkeiten aus den USA begründet liegt: *„Unter Mental Health Professionals (MHPs)*

[91] Vgl. Müller-Lange, J. (2001) „Handbuch Notfallseelsorge“ S. 267
[92] Vgl. http://www.sbe-ev.de/ausbildung/konzept.html (Abruf 10.05.2007)

versteht man dort Personen, die sich aufgrund umfassender psychologischer Ausbildung berufsmäßig mit Fragen der psychischen Gesundheit befassen, also Psychologen, Psychiater, Psychotherapeuten. (...) Die SBE-Übersetzung für MHPs lautet „psychosoziale Fachleute". Dieser Ausdruck ist zu allgemein und damit irreführend. Denn im Deutschen können darunter auch Sozialarbeiter, Lehrer, Erzieher, Seelsorger, Altenfachbetreuer sowie Mitarbeiter verschiedenster Beratungsstellen etc. zusammengefasst werden. Sie alle leisten wertvolle Arbeit im Rahmen der psychosozialen Versorgung. Nur Einzelne von ihnen verfügen jedoch über jene umfangreiche und systematische psychologische Ausbildung, die für die genannten CISM-Maßnahmen notwendig ist (und die der Begriff Mental Health Professional impliziert)."[93]

Das SBE-Einzelgespräch nach dem „SAFER-Modell" ist ein Kernelement der Intervention. Begriff und Methode stammen aus dem CISM, entwickelt von Everly und Mitchell[94]. Seinen Namen erhält das Modell aufgrund der Erstbuchstaben der folgenden fünf Phasen:

- **S**timulansverminderung
- **A**kzeptanz der Krise
- **F**örderung des Verstehens
- **E**ntwicklung wirksamer Bewältigungsstrategien
- **R**ückführung in die Eigenständigkeit / in die eigene Verantwortung

---

[93] Vgl. Hausmann, C. (2000) „Zur Übersetzung des „Critical Incident Stress Managements..."

[94] Vgl. Mitchell, J.T., Everly, G.S. (2002) „CISM – Stressmanagement nach kritischen Ereignissen" S. 78

Als wichtigste aller Fähigkeiten im Krisenmanagement nennen Mitchell und Everly die Kommunikation: *„Kommunikative Kompetenz und grundlegende Gesprächstechniken sind im Rahmen des SAFER-Modells wichtig, um Beziehungen aufzubauen, den betroffenen Personen zu helfen, sich entspannen zu können und den betroffenen Personen zu helfen, ihre Symptome zu verstehen und damit normalisieren zu können."*[95]

5.4 PSU – Teams

Anfang 2002 formulierten die Feuerwehren in Nordrhein-Westfalen ein Positionspapier zum Thema „Psychosoziale Unterstützung der Einsatzkräfte – PSU". Ausschlaggebend war, dass nach der ICE-Katastrophe in Eschede im Jahr 1998 eine Vielzahl von Anbietern die Helfer vor Ort betreuen wollten. Unterschiedliche Hilfsangebote und methodische Vorgehensweisen überfluteten die Einsatzkräfte geradezu. Neben der Vielfalt an Hilfsangeboten gab es auch eine kaum zu durchschauende Vielfalt der verwendeten Begriffe. So war vielen nicht klar, was sich hinter Notfallseelsorge, Krisenintervention, psychosozialer Unterstützung und dergleichen verbirgt und wo die Unterschiede sind. Es gab weder eine für die Feuerwehren ansonsten gewohnte einheitliche Begriffsdefinition noch eine klare, in die Feuerwehrstrukturen eingebundene Aufgaben- bzw. Auftragsdefinition. Es war somit für die Leitung der einzelnen eingesetzten Einsatzkräfte fast unmöglich, die Qualität und den notwendigen Umfang der psychosozialen Unterstützung einzuschätzen und daraus die für ihre eigenen Bedürfnisse notwendigen Schlüsse zu

---

[95] Vgl. Mitchell, J.T., Everly, G.S., Müller-Lange, J. (2005) „Handbuch Einsatznachsorge" S. 88

ziehen. Gleichzeitig wurde ein Arbeitskreis aus Vertretern der Arbeitsgemeinschaft der Leiter der Berufsfeuerwehren (AGBF-NRW), des Landesfeuerwehrverbandes (LFV-NRW), des Instituts der Feuerwehr (IdF-NRW), der evangelischen und katholischen Kirchen sowie der psychologischen Fakultäten der Universitäten Köln und Düsseldorf ins Leben gerufen. Die vier Hilfsorganisationen ASB, DRK, JUH und MHD wurden nach Aussage von Herrn Mallmann-Kallenberg bewusst nicht involviert: *"Das war damals ein Feuerwehrpolitische Entscheidung. Die Hilfsorganisationen haben wenig Interesse gezeigt und wir waren darüber auch nicht unglücklich. So konnten wir uns schneller einigen und Ziele formulieren."* Der Arbeitsauftrag bestand darin, aus der Pluralität der Begrifflichkeiten einen, für den Feuerwehrbereich einheitlichen Sprachgebrauch zu definieren. Ferner sollten die vorhandenen Hilfsangebote auf ihre Anwendbarkeit im Feuerwehrbereich überprüft und daraus abgeleitet einheitliche Ausbildungsstandards für Personen definiert werden, die in diesem Bereich eingesetzt werden. Ziel sollte dabei sein, ein einheitliches System zur Unterstützung der Einsatzkräfte in den bestehenden Strukturen der Feuerwehr zu schaffen.

Als einheitliche Begrifflichkeit für dieses Tätigkeitsfeld wurde „Psychosoziale Unterstützung der Einsatzkräfte – PSU" gewählt und ist seitdem fester Sprachgebrauch aller Beteiligten. Die wesentlichen drei Aufgabenfelder von PSU-Teams sind:

- präventive Vorbereitung
- alltägliche Unterstützung und Beratung
- Einsatznachsorge

Zu einer der ersten Tätigkeiten des Arbeitskreises PSU gehörte die Konzeption einer Seminarreihe zur Qualifizierung von Einsatzkräften, die an ihrem Standort in der psychosozialen Unterstützung eingesetzt werden sollen. Bei der Zielgruppe handelt es sich um Angehörige der Berufsfeuerwehren und Freiwilligen Feuerwehren. Dabei sollen die Vorteile einer kollegialen Beratung oder Kameradenhilfe genutzt werden. Grundgedanke ist, genau wie der „Peer“ im Modell des CISM, dass sich Menschen eher einem bekannten Kollegen oder Kameraden anvertrauen, als einem unbekannten externen Fachmann. Herr Reiprich-Meurer berichtete von Schwierigkeiten im Bezug auf die Akzeptanz der „Peers“: *„In der Praxis ist die Umsetzung hier manchmal nicht einfach. Viele Feuerwehrleute scheuen sich dann doch davor, sich gerade einem bekannten Kollegen anzuvertrauen und vermeidliche Schwäche zu zeigen. Sie haben Angst vor Repressalien oder vor schlechten Bewertungen des Vorgesetzten. Sie fürchten die Hierarchie und letztendlich nicht befördert zu werden.“* Ähnliches berichtete auch Herr Mallmann-Kallenberg aus Düsseldorf: *„In den Anfängen unserer Arbeit, war es schwer Vertrauen zu gewinnen und die Notwendigkeit der Hilfe verständlich zu machen. Die Kollegen waren zunächst sehr skeptisch und auch vorsichtig. Ich denke sie hatten einfach Angst zuzugeben, dass ihnen ihr Job manchmal sehr nahe geht und dass es schon mal Probleme gibt. Ich habe aber gelernt, dass man hier viel mit kleinen Schritten und Geduld erreichen kann. Heute bin ich mit dem Arbeitserfolg sehr zufrieden.“*

An den Standorten, an denen bereits ein Angebot vorhanden ist, sollen die bestehenden Strukturen durch diese besonders geschulten Einsatzkräfte verstärkt werden. Als notwendiger Umfang für diese Ausbildung wurden 110 Stunden, verteilt auf vier Seminarblöcke, festgelegt. Die Ausbildungsinhalte sind:

- Grundlagen der menschlichen Kommunikation und Gesprächsführung unter Berücksichtigung der Ansätze der personenzentrierten Gesprächs-führung nach Rogers, des Kommunikationsmodells „4 Botschaften einer Nachricht“ nach Schulz von Thun, der Ansätze zur Kommunikation nach Watzlawick und der Psychoanalyse nach Freud
- Biologische und psychologische Grundlagen der Stressentstehung und -reaktionen nach Selye und Lazarus
- Grundlagen der Psychotraumatologie und der Posttraumatischen Stressreaktionen
- CISM (gemäß den Vorgaben der International Critical Stress Foundation)
- Zielgruppenorientiertes Vorgehen bei strukturierten Gruppen- und Einzelgesprächen
- Umgang psychosozialen Problemstellungen (z. B. Alkohol, Burnout, Mobbing)
- Umgang mit Tod, Leiden, Sterben und Trauer

Besonderer Wert wird neben einer wissenschaftlich fundierten theoretischen Ausbildung auf praktische Übungen gelegt. In Rollenspielen werden verschiedene Situationen erprobt. Die Ausbildung ist so gestaltet, dass die Absolventen mit den an den jeweiligen Standorten bereits tätigen Gruppen zusammenarbeiten können. Bzgl. der Ausbildung der Einsatzkräfte übte Herr Reiprich-Meurer offen Kritik an der wahrgenommenen Verantwortung der Führungskräfte und wies auf die

Unterschiedlichkeit bei den einzelnen Trägern bzw. Arbeitgebern hin: *„Im Lehrplan wird die psychische Komponente meiner Meinung nach ausreichend erwähnt und beachtet. Die Umsetzung ist nur leider sehr unterschiedlich. Die Mitarbeiterpflege, so möchte ich es wertneutral nennen, ist in der Verantwortung der jeweiligen Träger. D.h. wenn das Deutsche Rote Kreuz z.B. etwas für seine Mitarbeiter tun möchte, dann lieg es in seiner Verantwortung und Zuständigkeit. Für die Berufsfeuerwehr Köln möchte ich sagen, dass die Fürsorgepflicht wahr- und ernst genommen wird."* Herr Mallmann-Kallenberg: *"Mir ist auch unverständlich, wieso die Hilfsorganisationen das Thema Psychohygiene und Prävention offensichtlich nicht richtig angehen. Zum Glück hat man bei der Berufsfeuerwehr Düsseldorf erkannt, dass das Thema ernst zu nehmen ist und letztendlich sicher auch wirtschaftlich Vorteile bringt. Interessanter Weise kam die Feuerwehr damals von selber auf mich zu."*

Unmittelbar darauf angesprochen äußert Herr Reiprich-Meurer seine Einschätzung bezüglich der Fragestellung meiner Studie: *„Die sozialarbeiterische Komponente kann hier sicherlich sehr gut gebraucht werden. Besonders bei der Leitung von PSU-Teams könnte ich mir einen Sozialarbeiter gut vorstellen."* Herr Mallmann-Kallenberg, der ja selber Sozialarbeiter ist, findet sich und seiner Profession in der Funktion als Leiter eines PSU-Teams genau an der richtigen Stelle: *„Als Sozialarbeiter geht man nicht nur theoretisch an die Arbeit sondern ist auch Praktiker. Das liegt mir sehr und ist auch für den Arbeitsbereich gut und richtig. Im Studium habe ich trotzdem gelernt zu analysieren und zu bewerten was wichtig ist. Das hilft mir hier sehr."* Auf die Grenzen angesprochen meint er: *„Grenzen sind hier ein sehr wichtiges Thema. Man darf nicht seine eigenen Kompetenzen überschreiten, und es ist* *dringend erforderlich seine Grenzen zu kennen. Anderes könnte großen Schaden verursachen."*

6. Grundlagen, Möglichkeiten und Grenzen sozialarbeiterischer Intervention

Einen Einblick in die psychischen Belastungen im Rettungsdienst, den daraus resultierenden Folgen und in die bestehenden Interventions-Möglichkeiten zu geben war bislang die Intention der vorliegenden Studie. Um die Frage nach dem Stellenwert, den diese Erkenntnisse für den Beruf des Sozialarbeiters haben, zu beantworten, verweise ich auf das Postulat zum Berufsbild des Diplom-Sozialarbeiters. Es wurde 1997 vom Berufsverband für Sozialarbeit, Sozialpädagogik und Heilpädagogik (DBSH) herausgegeben und ist im Internet einsehbar[96]. Sodann werde ich den Zusammenhang zwischen Sozialarbeit, Krisenintervention und Prävention herausstellen, um letztendlich die Frage zu beantworten, ob traumatische Ereignisse im Beruf ein neues Arbeitsfeld für die soziale Arbeit sein können und wo die Grenzen liegen.

6.1 Studieninhalte als theoretischer Hintergrund

Im Studium setzen sich Sozialarbeiter ausgiebig mit der Struktur, den Problemen in der Gesellschaft und den Herausforderungen der Menschen auseinander. Soziale Gefüge und soziale Gruppen haben Schwierigkeiten, die Sozialarbeiter sowohl erkennen als auch in Verbindung miteinander setzen können. Dieser Aspekt ist für die Krisenintervention im Rettungsdienst außerordentlich wichtig, da wie u.a. in Abschnitt 2 verdeutlicht, Probleme ihre Symptome oftmals an Stellen zeigen, an denen man sie nicht zwangsläufig vermutet. Ein verantwortungsvoller Sozialarbeiter analysiert, sieht die Zusammenhänge und

[96] Vgl. http://www.dbsh.de/html/hauptteil_berufsbild.html (Abruf 23.05.2008)

behält den Überblick, da er über ein breit angelegtes interdisziplinäres Wissen verfügt. Wenn es darum geht, praktisch ein Kriseninterventions-Team wie die vorgestellten PSU oder SBE zu leiten, oder eine solche Gruppe aufzubauen, unterstützt den Sozialarbeiter sein Wissen aus Verwaltungs- und Organisationsseminaren, die genau diese Themen vermitteln.

Soziologische Betrachtungen in Familie und Betrieb, die u.a. Inhalte des Studienlehrplans eines Sozialarbeiters sind, bieten ebenfalls für die hier angesprochene Zielgruppe eine fundierte Grundlage der kritischen Auseinandersetzung. Auch im Rettungsdienst gibt es Hierarchien durch unterschiedliche Ausbildung und Kompetenzen sowie Schichtdienste und viele andere Faktoren, die soziologisch betrachtet werden sollten. Ein Betrieb, zum dem u.a. auch eine Rettungswache oder Hilfsorganisation gehört, ist ein für den Sozialarbeiter bekanntes soziales Gefüge, in dem informelle Kommunikations- und Kooperationsstrukturen vorherrschen. Dieses Wissen macht es dem Sozialarbeiter leicht, komplexe soziale Systeme mit allen Vor- und Nachteilen zu erfassen und diese strukturell zu bewerten. Probleme, die hier auftreten können, stellen für den Sozialarbeiter eine lösbare Aufgabe dar. Er kann hier nicht nur vorbeugen, sondern gezielt intervenieren und sein im Studium erworbenes Wissen einsetzen. Politologische Erkenntnisse, das Wissen über Armut und Reichtum, soziale Schichtung, Wohlstandsvermehrung und Migration sind auch im Bereich der Interventionssysteme von Nutzen, da sich aufgrund dieses Fachwissens das Verständnis für die Betroffenen leichter entwickeln kann.

Nahe liegend ist, dass auch Studienwissen aus Sozialmedizin, Psychologie und Pathophysiologie für Sozialarbeiter in den Interventionssystemen des Rettungsdienstes förderlich ist. So kennen und erkennen Sozialarbeiter in der Regel wichtige Erkrankungen der Psyche wie beispielsweise Depression, Manie und Psychosen, können sie ggf. von einer PTBS abgrenzen und im Zweifel weitere Maßnahmen organisieren. Auch das Wissen über Entstehung und Auswirkungen von Suchterkrankungen kann unterstützend zu Bewältigung eingesetzt werden, da wie in Abschnitt 2 erwähnt, viele psychotraumatisch Betroffene Drogen- und / oder Alkoholkonsum als Bewältigungsstrategie einsetzen.

Ebenfalls erleichtern die in den Fächern Sozialarbeitswissenschaft und Methoden der Sozialarbeit erworbenen Kenntnisse über Gesprächsführung und Methoden sowie kommunikationstheoretische Modelle die Beziehungsaufnahme und Verständigung. Die kommunikative Beziehungsaufnahme zu den traumatisierten Menschen – ein zentrales Element jeder Intervention – gilt ohnehin als sozialarbeiterische Stärke. Sozialarbeiter beherrschen in der Regel die Prinzipien und Techniken der Gesprächsführung, sollten jedoch praktische Übungskurse (Rollenspiele, Bearbeitung exemplarischer Beratungsfälle) absolvieren, um sich auf die teilweise schwierigen Beratungsgespräche vorzubereiten.

Gutachterliche Stellungnahmen und Methoden wie das „Case Management" gehören zu den Fähigkeiten eines Sozialarbeiters, die im Studium vermittelt und hier zielgerichtet eingesetzt werden können. Sie verschaffen einen Überblick, geben Struktur, optimieren die Hilfe und erleichtert dem Sozialarbeiter sowie ggf. weiterführenden Institutionen und Professionen das Erfassen von sozialen Bezügen des Individuums und seines Umfelds. Das sozialarbeiterische Gutachten kann beispielsweise Therapievorschläge für eine weitergehende psychologische, psychotherapeutische oder psychiatrische Intervention beinhalten und hier dienlich sein.

Defizite im Fachwissen, das Überschätzen der eignen Möglichkeiten und / oder das Unterschätzen der sozialen Problemlage des Betroffenen bedeuten die Gefahr des unprofessionellen Handelns in Problemsituationen und damit das Risiko eines Schadens für Berater und Klient. Zur Professionalität des Sozialarbeiters gehört in meinem Dafürhalten auch das Kennen der eigenen Grenzen und das damit verbundene rechtzeitige Vermitteln von Klienten an Spezialisten wie Ärzte oder Therapeuten.

6.2 Prävention und Nachsorge

Bei der genauen Betrachtung des Selbstverständnisses der Sozialarbeiter in ihrer Profession gilt der Grundsatz, dass Sozialarbeit eine professionell ausgeübte Tätigkeit der personenbezogenen Dienstleitung ist. Sozialarbeit orientiert sich an den Bedürfnissen der Menschen einerseits und der Gesellschaft andererseits. Sozialarbeit ist sowohl präventiv als auch in der Behebung von sozialen Benachteiligungen tätig. Das übergeordnete Ziel allen professionellen sozialarbeiterischen Handelns ist die Vermeidung, Aufdeckung und Bewältigung sozialer Problemlagen. Krisenintervention ist funktionell auch eine Tätigkeit zur Bewältigung einer sozialen Problemlage, die durch berufliches Handeln entstanden ist. So entwickelte der Sozialpädagoge und Berufsfeuerwehrmann Carl-

Heinz Daschner in seinem Buch „Krisenintervention im Rettungsdienst“[97] folgendes Bild für die Qualität sozialer Arbeit im Hinblick auf die rettungsdienstliche Krisenintervention:

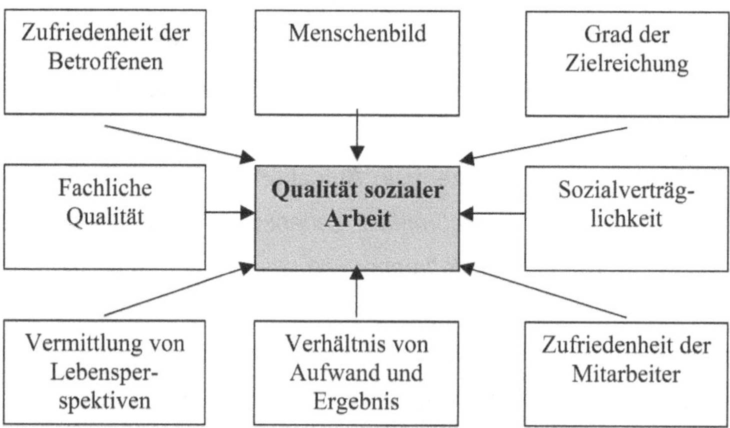

Abbildung 2: Qualität sozialer Arbeit (aus Daschner, C.-H. (2003): Krisenintervention S. 15)

Die betreffenden Helfer im Rettungsdienst befinden sich in einer subjektiv und zuweilen auch objektiv feststellbaren Not- bzw. Ausnahmesituation. Um den Betroffenen zu helfen, ist hier professionelles Handeln unbedingt erforderlich. Der Anspruch an die Mitarbeiter in den verschiedenen Kriseninterventionsteams deckt sich mit dem Selbstverständnis der Sozialarbeit, so dass auch die Mitarbeit in solchen Teams als Aufgabe der Sozialarbeit angesehen werden kann. Für die Durchführung präventiver Angebote im Rahmen der Vorbeugung der im

[97] Vgl. Daschner, C.-H. (2003) „Krisenintervention im Rettungsdienst“

Abschnitt 5 vorgestellten Systeme ist nach den Definitionen der Sozialarbeit ausreichend Platz.

Sozialarbeit gründet sich unter anderem auf breit angelegte, qualifizierte Ausbildung. Auf diesem Fundament sollte eine Weiterqualifikation in Schulungen und Fortbildungen erfolgen. Eine dieser möglichen Ausbildungen ist die Mitarbeit in einem der Kriseninterventionsteams und die dafür erforderlichen Lehrgänge. Es ist in dem erarbeiteten Aufgabenkatalog für Sozialarbeiter eine zentrale Aufgabe: *„Einzelne und Gruppen bei der Überwindung eingeschränkter Lebensbedingungen konkret zu unterstützten, z.B. in Selbsthilfegruppen, so dass sie ihre Konflikte selbst bearbeiten und ihre Interessen selbst vertreten können."*[98] In dieses Aufgabenfeld passt wiederum auch die Mitarbeit in den Systemen der Krisenintervention, denn den Betroffenen sollen in gruppendynamischen Prozessen die Möglichkeit zur eigenständigen Be- oder Verarbeitung des belastenden Erlebten gegeben werden. Auch bei der Betrachtung der Methoden und funktionalen Zusammenhänge sind einige Ähnlichkeiten zu den Forderungen beispielsweise nach dem PSU-Konzept feststellbar. So werden bei den berufsspezifischen Funktionen unter anderem auch diese drei in dem Zusammenhang mit PSU wichtigen genannt:

- Befähigung / Training von Lernprozessen
- Beratung und Information
- Betreuung / Langzeitbegleitung

Auch in der Stressbearbeitung und Krisenintervention finden die im Abschnitt 5 aufgeführten Methoden Anwendung. Hier kommt es zu

[98] Vgl. http://www.dbsh.de/html/berufsbild.html (Abruf 13.05.2008)

Parallelen, z.B. bei sozialpädagogischen Einzel- und Gruppenarbeiten, Einsatz von personen- und situationsgerechter Interventionen sowie kollegiale Beratung und Supervision.

Wie in Abschnitt 3.2 beschrieben, bieten eine hohe Selbstwirksamkeit und gestärkte Ressourcen einen bedeutenden Schutz gegen das Auftreten von traumabedingten Belastungsreaktionen. *„Die Ausbildung und Kompetenz des Rettungspersonals im Bereich eines psychologisch angemessenen Umgangs mit Notfallopfern ist defizitär. Es ist dringend notwendig, diesen Bereich stärker in die Aus- und Fortbildung einzubeziehen."*[99] Dies sollte aber nach Meinung der Autoren nicht nur theoretisch geschehen, sondern praktische Übungen sollten das Gelernte vertiefen. Im Curriculum für die Ausbildung zum staatlich geprüften Rettungsassistenten sind nach aktuellem Stand lediglich 44 von insgesamt 586 Stunden Theorie und 4 von insgesamt 214 Stunden Praxis für das Thema „Psychische Betreuung von Verletzten und Kranken" vorgesehen. Genau hier kann der Sozialarbeiter mit seiner Professionalität präventiv einwirken und sein erworbenes Wissen im Rahmen von Aus- und Fortbildungen an das Rettungspersonal weitergeben und somit die Kompetenz und Selbstwirksamkeit der gefährdeten Berufsgruppe stärken. Auf dem Stundenplan der Fortbildung oder dem Lehrplan zur Ausbildung zum Rettungsassistenten könnten meiner Meinung nach Themen wie Gesprächsführung, mentales Training, Psychohygiene, metakommunikative Aspekte, Umgang mit speziellen Patientengruppen oder Kommunikationstechniken stehen – alles Themen, die Studieninhalte des Diplom-Sozialarbeiters sind. Da die kognitive Vermittlung des Wissens gerade bei diesen komplexen Inhalten nicht ausreicht, würde

[99] Vgl. Langossa, F., Gasch, B. (2004) „Psychische Erste Hilfe" S. 47

dies im Idealfall nicht nur theoretisch geschehen, sondern müsste in speziellen praktischen Übungen (z.B. Rollenspiele) umgesetzt und erlernt werden. Er könnte hier folglich als Berater dozieren und umfangreiche praktische Anteile initiieren. Ebenso wichtig scheint es mir, die gefährdete Berufgruppe generell für das Thema zu sensibilisieren und über die potenzielle Gefahr aufzuklären. Wenn der Rettungsassistent weiß, dass die gesunde Selbstwirksamkeit präventiv und schützend gegen z.B. die PTBS wirkt, dann wird er in seinem Beruf anders mit dem Thema umgehen und sich zu schützen wissen.

In den USA werden Sozialarbeiter nach Auskunft von Dr. J. Mitchell[100], dem Begründer von CISM, schon länger in der Betreuung von Einsatzkräften nach belastenden Ereignissen eingesetzt. In Deutschland arbeiten Sozialarbeiter nach meiner Recherche noch selten in diesem Bereich. Dabei wäre es für Sozialarbeiter nicht nur möglich, sondern erstrebenswert, auch in Deutschland in diesem Bereich mitzuwirken. Die Grundsätze und Stellenbeschreibungen der Sozialarbeit lassen eine professionelle Mitwirkung in diesem Arbeitsfeld ausdrücklich zu. In der Praxis würde dies bedeuten, dass Sozialarbeiter z.B. in Kriseninterventionsteams, in Systemen wie PSU-Teams oder als Supervisor (s. Abschnitt 6.3) mitarbeiten. In SBE und PSU-Gruppen könnten Sozialarbeiter als psychosoziale Fachkräfte mitarbeiten, die als Teamleiter oder stellvertretender Teamleiter die Koordination und Ausbildung des Teams übernehmen, wenn sie über die geforderte umfangreiche und systematische psychologische Zusatzausbildung verfügen (s. Abschnitt 5.3).

[100] Vgl. http://www.sbe-ev.de/mitgliederinfo/aktuelles003.html (Abruf 22.05.2007)

6.3 Supervision im Rettungsdienst

Ich halte Supervision im Rettungsdienst als Komplementärangebot zur Krisenintervention, Notfallseelsorge und für die Systeme der „Helfer der Helfer“ für unerlässlich. Sie gewährleistet eine professionelle und qualitativ gute Arbeit und kann nach entsprechend erfolgter Ausbildung idealer Weise von Sozialarbeitern durchgeführt werden. Die Gründe hierfür möchte ich im Folgenden darstellen. Auf weitere mögliche und hier sinnvolle Zusatzqualifikationen werde ich im Abschnitt 6.4 eingehen.

Im Mittelpunkt der Supervision steht das berufliche Leben, und zwar ursprünglich in solchen Berufen, in denen es zentral um Beratung bzw. Interventionsarbeit mit konflikthaften sozialen Rahmen geht. Das verbindende Element dieser Berufe ist unter anderem die Tatsache, dass die in diesen Berufen Tätigen dauerhaft mit sozialem Leid und mit Situationen konfrontiert sind, in denen Menschen leben und handeln. Diese Auseinandersetzung erzeugt eine Fülle von Spannungen, die nie ausschließlich nach rationalen Gesichtspunkten aufgelöst werden können. Die Menschen leben in Widersprüchen, Konflikten, Unvereinbarkeiten und Ungerechtigkeiten. Sie sind zugleich meistens nicht nur Betroffene, sondern selbst auch Akteure, d.h. sie produzieren auch Widersprüche, Konflikte, und Unvereinbarkeiten. Deshalb sind Sozialarbeit, Medizin, Psychiatrie und Erziehung u.a. die Handlungsfelder, in denen es traditionell zu einer Nachfrage nach Supervision kommt. Das Ziel von Supervision ist es, dort aufklärend oder zumindest entzerrend und erleichternd zu wirken. Die Frage ist, ob der Rettungsdienst auch zu den Tätigkeitsfeldern gezählt werden kann, in denen Supervision hilfreich wirken kann.

Ich zeige im Folgenden auf, dass Supervision als regelmäßige und prozesshafte Begleitung für die Einsatzkräfte ein sinnvolles Angebot darstellt. Für die Supervision mit Einsatzkräften im Rettungsdienst bietet sich die Gruppe an. Aber nicht nur die Gruppe von Angehörigen einer Rettungsorganisation ist denkbar. Übergreifende Gruppen mit Mitarbeitern verschiedener Organisationen wie Feuerwehr, Polizei und Rettungsdienste können sich zu einer Supervisionsgruppe zusammenfinden wenn sie z.B. vorher in einem Einsatz zusammengearbeitet haben. Für Einsatzleitungen kann die Supervision eine Möglichkeit bieten, strategische Fragen zu klären und ggf. auch das individuelle Führungsverhalten zu reflektieren. In der Supervision geht es um die Erweiterung der beruflichen Kompetenzen. H.J. Ricken[101] beschreibt Ziele für Supervision im Polizeidienst, die auch auf die Rettungsdienste übertragbar sind:

- Entlastung durch Besprechen dienstlicher Probleme
- Klärung der Wirkung der Arbeit auf die eigene Persönlichkeit (negative Prägung durch Reflexion begegnen - Auswirkungen ins Private verhindern)
- Nutzung von Supervision durch Führungskräfte (Verantwortung gegenüber Einzelnen, der Öffentlichkeit, den Mitarbeitern wahrnehmen)

Supervision in Rettungsdiensten ist derzeit eine noch neue oder unübliche Maßnahme. Dies ergab meine Recherche in der Literatur und bei den Gesprächen mit den Experten. *„Nur 5 Personen (4%) berichteten*

---

[101] Vgl. Ricken, H.-J. (1995) „Supervision in der Polizei“ S. 127

über die Möglichkeit zur regelmäßigen Supervision."[102] Inhalte und Ziele von Supervision sind innerhalb der Rettungsdienste häufig unbekannt. Dies ist nicht verwunderlich, da auch andere Formen der Begleitung oder Mitarbeiterfürsorge in den Rettungsorganisationen, mit Ausnahme der Feuerwehr, eher selten zu finden sind.

Sicherlich bedarf es sorgfältiger Vorbereitung, um im Rettungsdienst Supervision als eine Form der Beratung durchzuführen. Dazu gehört auch die genaue Feldkenntnis. Unter Rettungsdienstmitarbeitern bestehen häufig Vorbehalte und Abwehr gegenüber Angeboten, in denen sie sich stigmatisiert fühlen oder defizitär, als Opfer behandelt werden. *„Nach einer Umfrage in verschiedenen Bereichen der Notfallhilfe wird die Notwendigkeit von Supervision von Rettungskräften zwar zunehmend erkannt, es bestehen aber auch weiterhin größere Vorbehalte: Ängste vor Psychologisierung, Symptomverstärkung und Pathologisierung (...)"*[103] In der Supervision steht der Beruf, die Tätigkeit im Vordergrund und nicht der therapeutische Aspekt. Es geht um Professionalität und Berufszufriedenheit. Hierin sehe ich eine Chance und einen Vorteil von Supervision in Rettungsdiensten: Das Alltägliche der unterschiedlichen Belastungen in regelmäßigen z.B. monatlichen Treffen zu besprechen. Dies wäre als ergänzendes Angebot zu den Kriseninterventionen nach Katastrophen und der Notfallseelsorge zu betrachten. Notfallseelsorge, Krisenintervention und regelmäßige Supervision ergänzen sich und gewährleisten eine bestmögliche Begleitung für Rettungsdienstmitarbeiter. Noch effektiver wäre meines Erachtens, wenn sich Mitarbeiter aus diesen drei Bereichen vernetzen.

---

[102] Vgl. Teegen, F., et.al. (2000) „Traumaexposition und Posttraumatische Belastungsstörung..." S. 65
[103] Vgl. Sehrig, J., Geier, W. (2004) „Führung, Teamarbeit und Supervision" S. 244

Supervision kann auch vorbeugende und entlastende Aspekte aufweisen: *"Fragen, Schwierigkeiten und Belastungen ergeben sich jeweils aus der persönlichen Belastung des einzelnen Helfers auch bei scheinbar geringfügigen Einsätzen. Deshalb sollte Begleitung fortlaufend erfolgen, gleichsam vorbeugend als ständiger ‚Bereitschaftsdienst' auch jenseits von besonders belastenden Einsätzen."*[104] Die Bearbeitung von belastenden Ereignissen durch den Austausch mit Kollegen stellt ein wesentliches Ziel der Supervision im Rettungsdienst dar, wie in der von Sehring beschriebenen „Container-Funktion": Supervision als Behältnis, zum Sammeln und Wiederaufarbeiten von Belastungen, Überforderungen, Spannungen und Unzufriedenheit. Ich denke, dass in der Supervision mit Rettungskräften Raum sein muss, Belastungen in einem geschützten Rahmen loszuwerden. Dies sollte fest in der Struktur der Arbeit verankert sein.

Ein wesentlicher Aspekt der Arbeit von Rettungskräften besteht in der Reduktion der Komplexität. So müssen beispielsweise Emotionen wie Mitleid mit den Opfern ausgeschaltet werden, um handlungsfähig zu bleiben. Supervision kann diesen Aspekt verdeutlichen und in Rollenberatungen veranschaulichen, wo sich diese Reduktion gegebenenfalls auch in andere Bereiche überträgt. In der Supervision kann gemeinsam überlegt werden, wie die Rollenkomplexität wieder hergestellt werden kann. Fast immer stehen Rettungskräfte unter hohem Zeitdruck. Selbst Nachsorgeangebote wie Debriefings müssen zeitnah erfolgen, um wirksam zu sein. Supervision hingegen stellt hier einen Rahmen mit ausreichend Zeit zur Reflexion zur Verfügung.

---

[104] Vgl. Sehrig, J., Geier, W. (2004) „Führung, Teamarbeit und Supervision" S. 240

Organisatorische Strukturen sind grundsätzlich im Rettungsdienst erforderlich. Sie garantieren ein reibungsloses und optimales Funktionieren der Hilfe im Einsatzfall und sind somit kaum vermeidbar. Trotzdem sollte bei der Planung der Strukturen auch eine gewisse Sensibilität für die Belastungen und Gefahren der Mitarbeiter erreicht werden, damit z.B. nicht schon der Dienstrhythmus an sich eine große Belastung darstellt. Die Möglichkeit, belastende Berufserfahrungen ansprechen zu können, ohne dadurch die eigene fachliche Kompetenz in Frage zu stellen oder persönliche Bloßstellung zu befürchten, ist zur Einsatznachsorge dringend erforderlich. Gerade hier dürften aber strukturelle Maßnahmen sinnvoll sein, die in Kenntnis der spezifischen Belastungsfaktoren im Rettungsdienst, Möglichkeiten der angemessenen Entlastung anbieten und damit sekundär präventiv wirksam sind. Hier sehe ich eine weitere Aufgabe von Supervision durch Sozialarbeiter: Betrachtung und Analyse der Organisationsstruktur. Wie in Abschnitt 3.3 gezeigt, kann sie zum einen die Belastung ungünstig verstärken als auch Quelle von Stressoren sein. Eine Organisationsanalyse ist hilfreich, um formelle und informelle Strukturen zu erkennen und die Organisationskultur zu verstehen. Supervision kann zur Konfliktklärung und zum Aufspüren von Stressoren beitragen und gemeinsam mit den Entscheidungsträgern kann über die Strukturen und mögliche nötige Veränderungen verhandelt bzw. beraten werden. Auch Unklarheiten in der Rollendefinition und daraus resultierende Konflikte haben ihren Platz in der Supervision. Ich halte eine systemische Betrachtungsweise für sinnvoll, da sich viele Probleme und Belastungen aus dem Zusammenwirken von Organisation und den Mitarbeitern ergeben.

6.4 Kompetenzerweiterung durch Zusatzqualifikation

„Die Frage nach der notwendigen Kompetenz zur Durchführung einer Frühintervention kann nur in Abhängigkeit von der Zielgruppe und den spezifischen Methoden beantwortet werden; sie besitzt zentrale Bedeutung für die Qualitätssicherung der psychotraumatologischen Versorgung.“[105]

Wie bereits in Abschnitt 6.1 dargestellt, verfügen Sozialarbeiter als Grundlage nach ihrem Studium über ein breit angelegtes interdisziplinäres Wissen, u.a. mit psychiatrischen, psychologischen und formaljuristischen Grundkenntnissen. Darüber hinaus sollten sie in der Lage sein, diese Fachkenntnisse alleine oder im Rahmen eines gut eingespielten, interdisziplinären Teams, am richtigen Ort bzw. zum richtigen Zeitpunkt anzuwenden und umzusetzen. *"Bei einer fehlenden wissenschaftlichen Grundlage besteht trotz einer zunehmenden Akzeptanz in die Bedeutung einer psychosozialen Betreuung von Traumaopfern die Gefahr eines blinden Aktionismus zulasten der Qualität."*[106]

Neben dem bereits vorhandenen Grundwissen über seelische Erkrankungen, müssen sich die zukünftigen "Helfer der Helfer" im Rahmen einer Weiter- / Ausbildung elementare theoretische Kenntnisse über Psychotraumata aneignen, um der Professionalität ihres Berufsstandes gerecht zu werden. Es werden spezielle Weiterbildungen für Sozialarbeiter u.a. am Zentrum für Psychotraumatologie e.V. in Kassel, am Deutschen Institut für Psychotraumatologie (DIPT) in Köln oder am

[105] Vgl. Bengel, J. (2003) „Notfallpsychologische Intervention bei akuter Belastungsstörung“ S. 186
[106] Vgl. Buchmann, K.E. (1999) „Trauma – Schnitt in die Biographie?“ S. 42

Institut für Trauma-Bearbeitung in Frankfurt angeboten. Die Weiterbildung beim DIPT z.B. mit dem Abschluss „Fachberater für Psychotraumatologie“ umfasst ca. 144 Unterrichtsstunden.

Bei der Arbeit mit traumatisierten Menschen stellt sich ggf. auch dem speziell qualifiziert und ausgebildeten Sozialarbeiter die Frage, an welche Fachleute sie sich selbst bei Fragen oder Probleme wenden können. Hier besteht u.a. für Sozialarbeiter die Möglichkeit, sich an die Traumaexperten des DIPT in Köln zu wenden. Neben der wissenschaftlichen Forschung und dem Ausbildungsangebot von psychosozialen Fachkräften kann diese Einrichtung auf ein Netzwerk von kooperierenden Psychotherapeuten, psychosozialen Beratern und klinischen Einrichtungen verweisen, die im Bedarfsfall kontaktiert werden können.

Um der Vielschichtigkeit der Aufgaben gerecht zu werden, ist eine regelmäßig stattfindende Supervision der Traumahelfer selber erforderlich. Hierdurch soll die Reflektion des beruflichen Alltags erfolgen. Beziehungsmuster, wie beispielsweise eine hinderliche emotionale Verstrickung mit den Traumapatienten, den Kollegen oder der Institution sollen im Prozess der Supervision aufgedeckt, hinterfragt und besprochen werden. Sie können die Analyse verfälschen, die Arbeit hemmen und letztendlich schaden. *"Scheitern die innerbetrieblichen Maßnahmen, so kann ein externer Berater hinzugezogen werden, der durch eine objektive Analyse der Problemsituation zu einer adäquaten Konfliktlösung beitragen kann."*[107] Im Idealfall können professionelle Berater von Supervision profitieren, indem sie lernen, mit alternativen Interventionsformen eine erneute Konfliktsituation zu verhindern. Durch

[107] Vgl. Fischer, G., Riedesser, P. (2003) „Lehrbuch der Psychotraumatologie“ S. 348

Supervision kann eine kritische Überprüfung der eigenen Einstellung, der Motivation und der Auswirkungen des Handels sichergestellt werden.

Eine große Herausforderung stellen für den Sozialarbeiter die im Abschnitt 4.5 vorgestellte Mehrdimensionale Psychodynamische Traumatherapie (MPTT) und die Augenbewegungstherapie EMDR dar, da sie eine sehr umfangreiche Aus- / und Fortbildung bedeuten. Nach Auskunft des DIPT in Köln, wird die Weiterbildung in MPTT nur für approbierte psychologische und ärztliche Psychotherapeuten sowie approbierte Kinder- und Jugendpsychotherapeuten angeboten. *„Es ist ein psychoanalytisch und tiefenpsychologisch fundiertes Verfahren und es setzt gründliche Kenntnisse, Fertigkeiten und Erfahrungen in psychoanalytischer Psychotherapie voraus."*[108]

Ähnliches gilt auch für die Ausbildung in der EMDR-Methode. Auf der Internetpräsens des Deutschen Fachverbands für EMDR in Hamburg ist unter den Kriterien für die Zertifizierung als EMDR-Therapeut u.a. aufgeführt: *„Nachweis der Befähigung zur Ausübung von Psychotherapie (...), in der Regel die Approbation als Ärztliche/r Psychotherapeut/in oder Psychologische/r Psychotherapeut/in oder Kinder- und Jugend-Psychotherapeut/in sowie mindestens zwei Jahre psychotherapeutische Tätigkeit."*[109] Jüngst fand eine Vorstandssitzung des Fachverbands statt, die diesbezüglich eine neue Regelung in Aussicht stellt.

---

[108] Vgl. Fischer, G. (2000) „Mehrdimensionale Psychodynamische Traumatherapie MPTT" S. 17

[109] Vgl. http://www.emdria.de/ (Abruf 27.05.2008)

Es zeugt von Professionalität und hohem Verantwortungsbewusstsein, wenn sich Sozialarbeiter grundsätzlich Aus- und Weiterbilden und u.U. Zusatzqualifikationen erwerben. Nur so kann das Wissen weiterentwickelt, die Erfahrung beleuchtet und das Handeln reflektiert werden.

7. Resümee

Es ist in dieser Studie aufgezeigt worden, dass sich der Helfer im Rettungsdienst durch die Ausübung seines Berufs großer Gefahr aussetzt, ein Psychotrauma zu erleiden. Diese Gefahr besteht nicht etwa nur im Erleben außergewöhnlicher Ereignisse im Rahmen von Einsätzen, allein schon die alltägliche Arbeit kann so belastend sein, dass sie traumatisch wirkt. Das bedeutet, dass die Person, die anderen Menschen medizinisch hilft, sich selber – unter Umständen ohne sich dessen bewusst zu sein – in einer sozialen Problemlage befinden kann und somit der Unterstützung bedarf.

Die Frage, ob für diese Aufgabe idealer Weise ein Sozialarbeiter geeignet ist, ob also dies generell ein neues Arbeitsfeld für die soziale Arbeit ist, kann hier nicht eindeutig beantwortet werden. Sie ist an Bedingungen geknüpft und muss in Teilen erläutert werden, die ich im Folgenden aufzeigen möchte.

Die Unterstützung der Fachkräfte im Rettungsdienst muss im ersten Schritt präventiv in Form von Aus- / und Fortbildung erfolgen. Es ist deutlich geworden, dass ein Sozialarbeiter prädestiniert ist, sein interdisziplinäres Wissen und seine erlernten Methoden für das hier untersuchte Arbeitsfeld einzusetzen. Er kann zum einen als Mentor und, nach erfolgter Weiterbildung auch als Dozent in der Aus- / und Fortbildung der Fachkräfte wichtige und bislang offensichtlich unterschätze Themen wie Gesprächsführung, mentales Training, Psychohygiene, metakommunikative Aspekte, Umgang mit speziellen Patientengruppen sowie Kommunikationstechniken vermitteln. Das theoretische Wissen vermag er durch praktische Übungen vertiefen. In der Prävention eines Psychotraumas kann er somit nicht nur generell für das Thema sensibilisieren, sondern vor allem die Ressourcen der gefährdeten Berufsgruppe stärken und damit die als Schutzfaktor wichtige Selbstwirksamkeit festigen. Für diesen Teil des neuen Arbeitsfeldes der sozialen Arbeit ist ohne Zweifel deutlich geworden, dass die Mitarbeit nicht nur bedingungslos möglich, sondern sogar wünschenswert ist.

Ist es aber tatsächlich zu einem traumatischen Ereignis gekommen, ist Eile in Form von rascher Krisenintervention geboten. Je früher der Vorfall in Angriff genommen wird, desto kürzer dauern bekanntlich die Folgen in der Regel an. Sofortige Intervention und die Beschaffung von geeigneter Hilfe unterstützen den Erholungsprozess und schwächen die Folgen ab. In dieser akuten Form der Therapie im Sinne des CISM ist die Hilfe des Sozialarbeiters jedoch an Bedingungen geknüpft, und das Tätigkeitsfeld ist hier nicht ohne weiteres für ihn zu erschließen. Erst nach der entsprechenden Zusatzqualifikation kann er, z.B. mit dem Abschluss „Fachberater für Psychotraumatologie", gezielt und professionell intervenieren und damit größeren Schaden abwenden. Die Grundsätze und Stellenbeschreibungen der Sozialarbeit lassen eine professionelle Mitwirkung in diesem Teil des Arbeitsfelds ausdrücklich zu. In der Praxis würde dies bedeuten, dass Sozialarbeiter in Kriseninterventionsteams mitarbeiteten. In SBE und PSU-Gruppen könnten Sozialarbeiter als psychosoziale Fachkräfte wirken, die als Teamleiter die Koordination und Ausbildung des Teams übernehmen – vorausgesetzt sie verfügen über die geforderte psychologische Zusatzausbildung. Gleiches gilt auch für den Bereich der Supervision. Auch hier ist es Voraussetzung für den Sozialarbeiter, zunächst die Zusatzqualifikation „Supervisor“ zu erlangen, bevor er professionell agieren kann.

Die Mitarbeit ist hier, in der akuten Intervention, gegenüber der Prävention somit an Bedingungen geknüpft. Gleichwohl ist meiner Ansicht nach deutlich geworden, dass das Wirken des Sozialarbeiters in der Krisenintervention als eindeutig erstrebenswert anzusehen ist. Seine Kompetenzen liegen darin, komplexe soziale Systeme mit allen Vor- und Nachteilen zu erfassen und diese strukturell zu bewerten. Er kann sowohl vorbeugend agieren als auch gezielt intervenieren und andere wertvolle Studieninhalte einsetzen.

Es ist Zeichen von Professionalität und Prinzip beruflichen Handelns, wenn Sozialarbeiter die Grenzen ihrer Unterstützungsmöglichkeiten und Kompetenzen erkennen. Der eventuell dann erforderliche Schritt, nämlich Hilfe für die Betroffenen durch weiterführende, tief greifende Therapie zu leisten, stellt für den Sozialarbeiter eine größere Herausforderung dar. Hier kann er nur nach umfangreicher und systematischer psychologischer Ausbildung tätig werden. Selbst wenn er für die ggf. erforderliche weiterführende Therapie nicht ausreichend qualifiziert ist, kann er jedoch ihre generelle Notwendigkeit erkennen, einfordern und / oder zu Wege bringen.

Dem hier offensichtlich gewordenen Erfordernis, der Mitwirkung sozialer Arbeit in diesem Bereich, stehen möglicherweise ökonomische und betriebspolitische Gründe entgegen. Die entsprechenden Träger der Rettungsorganisationen und Feuerwehren müssen zunächst einmal für das Thema und die Notwendigkeit generell sensibilisiert werden, um

Gelder bedarfsgerecht zur Verfügung zu stellen und Stellen zu schaffen. Ich war bei meiner Recherche allerdings auch positiv überrascht, dass einige Feuerwehren (z.B. Düsseldorf) die Notwendigkeit offensichtlich bereits erkannt haben, und Sozialarbeiter als psychosoziale Fachkräfte zur Unterstützung ihrer Mitarbeiter einstellen. Diese Tatsache lässt hoffen, dass auch andere Feuerwehren und die Hilfsorganisationen nachziehen.

Literaturliste

Appel-Schumacher, T., Helmes, A. (2004). *Stressmanagement nach traumatischen Ereignissen.* In: Bengel, J. (Hrsg.). *Psychologie in Notfallmedizin und Rettungsdienst.* Springer-Verlag, Berlin.

Becker, J. (1969). *Jakob der Lügner.* Aufbau-Verlag, Berlin.

Beerlage, I., Hering, T., Nörenberg, L. (2006). *Entwicklung von Standards und Empfehlungen für ein Netzwerk zur bundesweiten Strukturierung und Organisation psychosozialer Notfallversorgung.* In: Bundesamt für Bevölkerungsschutz und Katastrophenhilfe (Hrsg.). *Zivilschutz-Forschung.* Band 57.

Bengel, J. (2003). *Notfallpsychologische Intervention bei akuter Belastungsstörung.* In: Maerker, A. (Hrsg.). *Therapie der posttraumatischen Belastungsstörung.* Springer-Verlag, Berlin.

Bengel, J., Riedl, T. (2004). *Stressbewältigung und Belastungsverarbeitung.* In: Bengel, J. (Hrsg.). *Psychologie in Notfallmedizin und Rettungsdienst.* Springer-Verlag, Berlin.

Bengel, J., Heinrichs, M. (2004). *Psychische Belastungen des Rettungspersonals.* In: Bengel, J. (Hrsg.). *Psychologie in Notfallmedizin und Rettungsdienst.* Springer-Verlag, Berlin.

Buchmann, K.E. (1999). *Trauma – Schnitt in die Biographie?* In: Buchmann, K.E., Hermanutz, M. (Hrsg.). *Trauma – Opfer oder Helden?* FH Villingen-Schwenningen, Hochschule für Polizei. Villingen-Schwenningen.

Buijssen, H. (1997). *Wenn der Beruf zum Alptraum wird: Traumatische Erfahrungen in der Krankenpflege.* Psychologie Verlags Union, Weinheim.

Butollo, W., Krüsmann, M., Hagl, M. (1998). *Leben nach dem Trauma. Über den therapeutischen Umgang mit dem Entsetzen.* Pfeiffer Verlag. München.

Butollo, W., Krüsmann, M., Hagl, M. (2003). *Kreativität und Destruktion posttraumatischer Bewältigung.* Klett-Cotta Verlag, Stuttgart.

Breslau, N., Kessler, R.C.,Chilcoat, H.D., Davis, G.C., Andreski, P. (1998): *Trauma and post-traumatic Stress disorder in the community.* In: *Archives of General Psychiatry*, 55, 636 – 632.

Daschner, C.-H. (2003): *Krisenintervention im Rettungsdienst.* Stumpf & Kossendey, Edewecht / Wien.

Dilling, H., Mombour, W., Schmidt, N.H. (2005). *Internationale Klassifikation psychischer Störungen. ICD-10 Kapitel V (F). Klinisch-diagnostische Leitlinien.* Hans-Huber Verlag, Bern.

Egle, U.T., Hoffmann, S.O., Joraschky, P. (1996): *Sexueller Missbrauch, Misshandlung, Vernachlässigung.* Schattauer Verlag, Stuttgart.

Everly, G.S., Mitchell, J.T. (2002). *CISM – Stressmanagement nach kritischen Ereignissen.* Facultas Verlag, Wien.

Fischer, G. (2000). *Mehrdimensionale Psychodynamische Traumatherapie MPTT.* Roland Asanger Verlag, Heidelberg.

Fischer, G. (2001). *Neue Wege nach dem Trauma.* Vesalius Verlag, Konstanz.

Fischer, G., Riedesser, P. (2003). *Lehrbuch der Psychotraumatologie.* Reinhardt Verlag, München.

Gschwend, G. (2002). *Notfallpsychologie und Trauma- Akuttherapie.* Hans Huber Verlag, Bern.

Hausmann, C. (2000). *Zur Übersetzung des „Critical Incident Stress Managements" von Mitchell und Everly.* In: Serviceorganisation des BÖP GmbH (Hrsg.), *Psychologie in Österreich.* 20, 255-257.

Hausmann, C. (2003). *Handbuch Notfallpsychologie und Traumabewältigung. Grundlagen, Interventionen, Versorgungsstandards.* Facultas Verlag, Wien.

Heinrichs, M., Wagner, D., Schoch, W., Hellhammer, D.H., Ehlert, U. (2001). *Posttraumatische Belastungsstörung bei Risikoberufsgruppen: Entstehung, Häufigkeit, Folgen.* In: A. Harwerth (Hrsg.), Tagungsbericht 2001. Verband Deutscher Betriebs- und Werksärzte (S. 271 – 287). Gentner Verlag, Aulendorf.

Helmrichs, J., Bengel, J., Leonhardt, K., Stahlmann, M., Zingiser, R. (1999). *Nachsorge für Einsatzkräfte beim ICE-Unglück in Eschede.* In: Buchmann, K.E., Hermanutz, M. (Hrsg.). *Trauma – Opfer oder Helden?* Fachhochschule für Polizei. Villingen-Schwenningen.

Hermanutz, M. (1999). *Verhaltenstherapie bei PTSD.* In: Buchmann, K.E., Hermanutz, M. (Hrsg.). *Trauma – Opfer oder Helden?* Fachhochschule für Polizei. Villingen-Schwenningen.

Hoffmann, A., Galley, N., Solomon, R. (2004). *EMDR in der Therapie psychotraumatischer Belastungssyndrome.* Thieme-Verlag, Stuttgart.

Horowitz, M.J. (2003). *Persönlichkeitsstile und Belastungsfolgen.* In: Maerker, A. (Hrsg.). *Therapie der posttraumatischen Belastungsstörung.* Springer-Verlag, Berlin.

Kröger, C. (2006). *Ein Konzept zur psychosozialen Notfallversorgung – ein Diskussionsbeitrag.* In: Bundespsychotherapeutenkammer (Hrsg.). *Psychotherapeutenjournal.* Ausgabe 02/2006. Psychotherapeutenverlag, Verlagsgruppe Hüthig Jehle Rehm GmbH. Heidelberg.

Langossa, F., Gasch, B. (2004). *Psychische Erste Hilfe.* In: Bengel, J. (Hrsg.). *Psychologie in Notfallmedizin und Rettungsdienst.* Springer-Verlag, Berlin.

Leonhardt, K. (2004). *Psychologie der Hilfsorganisationen – Psychologie in Hilfsorganisationen.* In: Bengel, J. (Hrsg.). *Psychologie in Notfallmedizin und Rettungsdienst.* Springer-Verlag, Berlin.

Maercker, A., Barth, J. (2004). Psychotherapie bei Belastungsstörungen. In: Bengel, J. (Hrsg.). *Psychologie in Notfallmedizin und Rettungsdienst.* Springer-Verlag, Berlin.

Maerker, A. (2003). *Besonderheiten bei der Behandlung der posttraumatischen Belastungsstörung.* In: Maerker, A. (Hrsg.). *Therapie der posttraumatischen Belastungsstörung.* Springer-Verlag, Berlin.

Mitchell, J.T., Everly, G.S., Müller-Lange, J. (2005): *Handbuch Einsatznachsorge.* Stumpf & Kossendey, Edewecht / Wien.

Müller-Cyran, A. (2004). *Krisenintervention im Rettungsdienst.* In: Bengel, J. (Hrsg.). *Psychologie in Notfallmedizin und Rettungsdienst.* Springer-Verlag, Berlin.

Müller-Lange, J. (2001) *Handbuch Notfallseelsorge.* Stumpf & Kossendey, Edewecht / Wien.

Perren-Klingler, G. (1999) *Trauma. Vom Schrecken des Einzelnen zu den Ressourcen der Gruppe.* Paul-Haupt Verlag, Bern.

Pflüger, P.M., (1978). *Kurzpsychotherapie und Krisenintervention in Sozialarbeit, Seelsorge und Therapie.* Adolf Bonz Verlag, Fellbach.

Ricken, H.-J. (1995): *Supervision in der Polizei.* In: Leuschner, G., Wittenberger, G. (Hrsg.). *Forum Supervision.* 2. Jg., Heft 3, März 1994, S. 127-137

Rupp, M. (1996). *Notfall Seele. Methodik und Praxis der ambulanten psychiatrisch- psychotherapeutischen Notfall- und Krisenintervention.* Thieme Verlag, Stuttgart.

Saß, H., Wittchen, H.-U., Zaudig, M. (1996). *Diagnostisches und Statistisches Manual Psychischer Störungen* (*DSM-IV,* 4. Aufl.). Hogrefe-Verlag, Göttingen.

Seidler, G. H. (2002). *Aktuelle Therapieansätze in der Psychotraumatologie.* In: Beutel, M.E. (Hrsg.) *Zeitschrift für psychosomatische Medizin und Psychotherapie.* 48.

Schmidbauer, W. (1977). *Die hilflosen Helfer. Über die seelische Problematik der helfenden Berufe.* Rowohlt Verlag, Reinbek.

Sehrig, J., Geier, W. (2004). *Führung, Teamarbeit und Supervision.* In: Bengel, J. (Hrsg.). *Psychologie in Notfallmedizin und Rettungsdienst.* Springer-Verlag, Berlin.

Servan-Schreiber, D. (2006). *Die Neue Medizin der Emotionen.* Goldmann, München.

Tausch, R. (1999). *Prophylaxe-Prävention seelischer Trauma-Störungen. Was können wir tun?* In: Buchmann, K.E., Hermanutz, M. (Hrsg.). *Trauma – Opfer oder Helden?* Fachhochschule Villingen-Schwenningen, Hochschule für Polizei. Villingen-Schwenningen.

Teegen, F. (2003). *Posttraumatische Belastungsstörungen bei gefährdeten Berufsgruppen. Prävalenz, Prävention, Behandlung.* Hans Huber Verlag, Bern.

Teegen, F., Domnick, A., Heerdegen M. (1997). *Hochbelastende Erfahrungen im Berufsalltag von Polizei und Feuerwehr: Traumaexposition, Belastungsstörungen, Bewältigungsstrategien.* In: Deutsche Gesellschaft für Verhaltenstherapie e.V. (Hrsg.), Verhaltenstherapie und psychosoziale Praxis, 29 (4/97), S. 583-599.

Teegen, F. & Müller, J. (2000). *Traumaexposition und Posttraumatische Belastungsstörung bei Pflegekräften auf Intensivstationen.* In: Luchmann, D. (Hrsg.) *Psychotherapie*, 50, S. 384 – 390.

Teegen, F., Yasui, Y. (2000). *Traumaexposition und Posttraumatische Belastungsstörung bei dem Personal von Rettungsdiensten.* In: Heinecker, H. (Hrsg.) *Verhaltenstherapie und Verhaltensmedizin*, 21, S. 65 - 83,

Wagner, D. (2001). *Epidemiologie, Psychoendokrinologie und Prävention von Posttraumatischen Belastungsstörungen bei Einsatzkräften der Feuerwehr.* Cuvillier Verlag, Göttingen.

Wagner, D., Heinrichs, M. & Ehlert U. (1999). *Primäre und sekundäre Posttraumatische Belastungsstörung: Untersuchungsbefunde bei Hochrisikopopulationen und Implikationen für die Prävention. Psychomed, 11*(1), 31-39.

Zimbardo, P.G. (1995). *Psychologie.* Springer-Verlag, Berlin.

Abkürzungsverzeichnis

AGBF	Arbeitsgemeinschaft der Leiter Berufsfeuerwehren
AGS	Arbeitsgemeinschaft Seelsorge in Feuerwehr und Rettungsdienst
BVA	Bundesverwaltungsamt
CISD	Critical Incident Stress Debriefing
CISM	Critical Incident Stress Management
DBSH	Deutscher Berufsverband für Sozialarbeiter, Sozialpädagogen und Heilpädagogen
DIPT	Deutsches Institut für Psychotraumatologie (Köln)
EKG	Elektrokardiogramm
EMDR	Eye Movement Desensitization and Reprocessing
IdF	Institut der Feuerwehr
KIT	Kriseninterventionsteam
LFV	Landes Feuerwehr Verband
MPTT	Mehrdimensionale Psychodynamische Traumatherapie
NAW	Notarztwagen
NEF	Notarzteinsatzfahrzeug
OPEN	Organisierte Personalbetreuung bei Extremeinsätzen und Nachsorge
PSNV	Psychosoziale Notfall Versorgung
PSU	Psychosoziale Unterstützung
PTBS	Posttraumatische Belastungsstörung
PTSD	Posttraumatic Stress Disorder
RTW	Rettungstransportwagen
SBE	Stressbearbeitung nach belastenden Ereignissen

ibidem-Verlag
Melchiorstr. 15
D-70439 Stuttgart
info@ibidem-verlag.de

www.ibidem-verlag.de
www.ibidem.eu
www.edition-noema.de
www.autorenbetreuung.de

Zeitfracht Medien GmbH
Ferdinand-Jühlke-Straße 7
99095 Erfurt, Deutschland
produktsicherheit@kolibri360.de